Tutti insieme!

WORKBOOK
Quaderno degli esercizi

2

Maria Del Vecchio
Danielle Rossi

Danièle Bourdais
Sue Finnie

OXFORD
UNIVERSITY PRESS
AUSTRALIA & NEW ZEALAND

OXFORD
UNIVERSITY PRESS
AUSTRALIA & NEW ZEALAND

253 Normanby Road, South Melbourne, Victoria 3205, Australia

Oxford University Press is a department of the University of Oxford. It furthers the University's objective of excellence in research, scholarship, and education by publishing worldwide in

Oxford New York

Auckland Cape Town Dar es Salaam Hong Kong Karachi
Kuala Lumpur Madrid Melbourne Mexico City Nairobi
New Delhi Shanghai Taipei Toronto

With offices in

Argentina Austria Brazil Chile Czech Republic France Greece
Guatemala Hungary Italy Japan Poland Portugal Singapore
South Korea Switzerland Thailand Turkey Ukraine Vietnam

OXFORD is a trade mark of Oxford University Press in the UK and in certain other countries

© Maria Del Vecchio, Danielle Rossi, 2005
First published 2005
Reprinted 2007, 2008

This adaptation of Équipe is published in 2005 by arrangement with Oxford University Press, UK

Written by Maria Del Vecchio (units 1, 3, 5, 7, and 9) and Danielle Rossi (units 2, 4, 6, 8 and the Supermegaquiz). Originally published by Oxford University Press, UK, as *Équipe 2 Encore Cahier d'activités* and *Équipe En Plus Cahier d'activités 2* by Danièle Bourdais and Sue Finnie
The moral rights of the authors have been asserted
© Oxford University Press 2002

This book is copyright. Apart from any fair dealing for the purposes of private study, research, criticism or review as permitted under the Copyright Act, no part may be reproduced, stored in a retrieval system, or transmitted, in any form or by any means, electronic, mechanical, photocopying, recording or otherwise without prior written permission. Enquiries to be made to Oxford University Press.

Copying for educational purposes
Where copies of part or the whole of the book are made under Part VB of the Copyright Act, the law requires that prescribed procedures be followed. For information, contact the Copyright Agency Limited.

National Library of Australia
Cataloguing-in-Publication data:

Del Vecchio, Maria.
Tutti insieme! 2.

For secondary school students.
ISBN 0 19 551599 4 (workbook).
ISBN 978 0 19 551599 2

1. Italian language – Textbooks for foreign speakers – English. 2. Italian language – Study and teaching (Secondary) – English speakers. I. Rossi, Danielle. II. Title.

458.2421

Typeset by Alena Jencik
Language consultant: Fabio Malgaretti
Printed in China by Golden Cup Printing Co., Ltd

Indice del contenuto *Contents*

pagina

Unità 1 *Il look dalla A alla Z*
La mia tenuta preferita	4
Mi piace il look sportivo	5
Mi sta bene questa giacca?	6
La grammatica 1	7
La grammatica 2	8
Il vocabolario	9
Lo sai . . . ?	10

Unità 2 *La televisione o il cinema*
La scelta dei programmi televisivi	12
Che cosa c'è alla televisione?	13
Andiamo al cinema?	14
La grammatica	15
Guardi troppo la Tv?	16
Il vocabolario	17
Lo sai . . . ?	18

Unità 3 *Si esce*
Si organizza un incontro	20
Tante scuse!	21
Il week-end scorso	22
La grammatica	23
Al bar	24
Il vocabolario	25
Lo sai . . . ?	26

Unità 4 *Buona giornata!*
Che cosa hai fatto?	28
La mia giornata	29
La grammatica	30
Opinioni	31
Caro amico di penna	32
Il vocabolario	33
Lo sai . . . ?	34

Unità 5 *Buone feste!*
Tanti auguri!	36
La mia festa preferita	37
Un bel ricordo	38
La grammatica	39
Cento di questi giorni!	40
Il vocabolario	41
Lo sai . . . ?	42

pagina

Unità 6 *Viaggi e vacanze*
Prendo il treno	44
Ho preso l'aereo	45
La grammatica	46
Era veramente bello!	47
Un biglietto di andata e ritorno, per favore	48
Il vocabolario	49
Lo sai . . . ?	50

Unità 7 *Contanti in tasca*
La paghetta	52
I lavoretti	53
La grammatica	54
Chi vuole essere milionario?	55
La festa	56
Il vocabolario	57
Lo sai . . . ?	58

Unità 8 *La comunicazione*
Per imparare l'italiano	60
Al telefono	61
L'informatica	62
La grammatica	63
Come scrivere le lettere	64
Il vocabolario	65
Lo sai . . . ?	66

Unità 9 *Una visita in Italia*
Mi presento	68
Benvenuto a casa mia!	69
Era veramente stupendo!	70
La grammatica	71
Abito a Milano	72
Il vocabolario	73
Lo sai . . . ?	74

Supermegaquiz 76

Unità 1 10 + 11 **La mia tenuta preferita** *Il look dalla A alla Z*

1a Chi parla? Unisci le nuvolette alle persone.
Who's speaking? Match up each bubble to a person.

a	b	c	d
4			

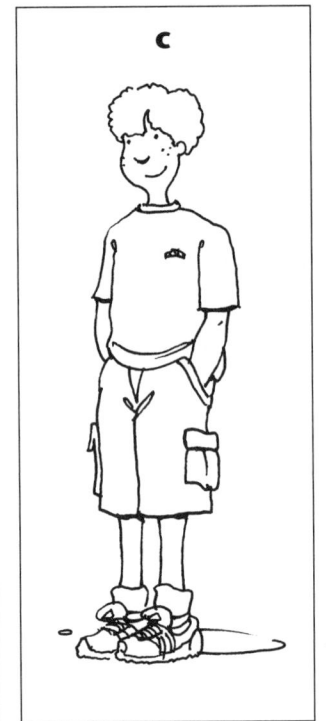

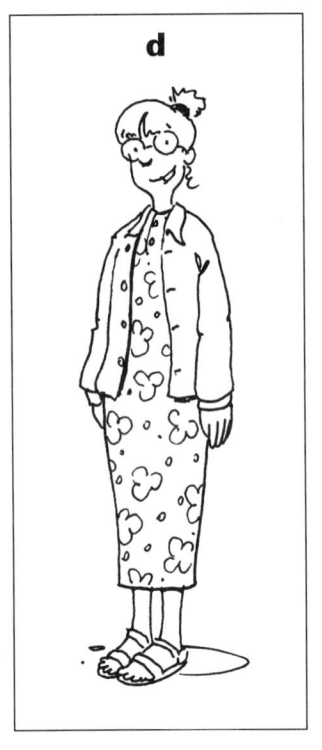

a **b** **c** **d**

1 La mia tenuta preferita sono i pantaloncini marroni, una T-shirt rossa e delle scarpe sportive verdi.

2 La mia tenuta preferita è un vestito verde, un golf azzurro e dei sandali grigi.

3 La mia tenuta preferita è una gonna nera, una camicia rosa e degli stivali neri.

4 La mia tenuta preferita sono i pantaloni bianchi, una giacca nera, un maglione rosso e delle scarpe beige.

1b Colora i vestiti. Verifica con il tuo compagno/la tua compagna di classe.
Colour in the clothes. Check with a partner.

2 E tu? Qual è la tua tenuta preferita? Disegna e scrivi a pagina 11.
What is your favourite outfit? Draw and describe it on page 11.

4 quattro

© OUP. Not to be photocopied without permission.

Il look dalla A alla Z — Mi piace il look sportivo

Unità 1 — 12 + 13

1 Unisci.
Match the pictures and phrases.

1. (angry face)
2. (sad face)
3. (smiling face)
4. (laughing face)

a Mi piace ...
b Odio...
c Non mi piace ...
d Amo...

1	2	3	4

2 Vero (✔) o falso (✘)? Se è falso, scrivi la risposta giusta.
True (✔) or false (✘)? If false, write in the correct sentence.

il look casual    il look sportivo    il look elegante

Esempio

Odio il look elegante. — ✔

Mi piace il look elegante. — ✘ *Mi piace il look sportivo.*

1. Amo il look casual. ☐ _____
2. Mi piace il look sportivo. ☐ _____
3. Non mi piace il look elegante. ☐ _____

3 Qual è il tuo look preferito?
Write what look you prefer.

_____

cinque 5

Unità 1

14 + 15 Mi sta bene questa giacca? *Il look dalla A alla Z*

1 Unisci.
Match the Italian sentences to their English equivalents.

1	2	3	4	5

1 Ti sta bene.
2 Non ti sta bene.
3 Non è il tuo stile.
4 È troppo piccolo.
5 È troppo grande.

a It's too small.
b It's not your style.
c It suits you.
d It's too big.
e It doesn't suit you.

2 Completa la vignetta con le espressioni 1–5.
Use sentences 1–5 (above) to complete the cartoon.

1 Mi sta bene? — No, non ti sta bene. È troppo grande.

2 Mi sta bene? — _____

3 Mi sta bene? — _____

4 Mi sta bene? — _____

6 sei

Il look dalla A alla Z — La grammatica 1 — Unità 1

1 Completa con la forma giusta dell'aggettivo.
Choose an adjective which completes the sentence correctly.

a Per andare a scuola, mi metto i pantaloni *neri*, una maglietta _____ e delle scarpe _____.
b Mi piacciono gli stivali _____.
c Mi metto un golf _____.
d Tu hai delle camicie _____?
e Mi piace molto la mia gonna _____.

| grigia | neri | rossa | bianche |
| grigi | verde | nere | |

2 Guarda i vestiti e scegli l'aggettivo giusto.
Look at the drawings and choose the correct adjective.

a una camicia a quadretti/a strisce
b un golf a maniche lunghe/a maniche corte
c un vestito stretto/largo
d un abito elegante/sportivo

Flashback

- In Italian, the adjective normally goes after the noun: *un vestito **giallo***
- Adjective endings change:

	singular	plural
masculine	un vestito giall**o**	degli stivali giall**i**
feminine	una gonna giall**a**	delle scarpe giall**e**

Some adjectives of colour are invariable, e.g. *un vestito blu, una gonna blu, delle scarpe blu, degli stivali blu*

Flashback

	masculine	feminine
this	**questo** (**quest'** before a vowel or h)	**questa** (**quest'** before a vowel or h)
these	**questi**	**queste**

3 Completa con *questo, questa, quest', questi, queste.*
Fill in questo, questa, quest', questi, queste.

a *Questi* pantaloni neri sono belli.
b Mi piace molto _____ vestito giallo.
c Per andare in città, mi metto _____ jeans e _____ scarpe sportive.
d Odio _____ abito.
e _____ stivali stanno bene con _____ giacca.

sette

Unità 1 — La grammatica 2 — Il look dalla A alla Z

Flashback

The present tense of regular *-are* verbs, like *portare*:

io	port**o**	noi	port**iamo**
tu	port**i**	voi	port**ate**
lui/lei	port**a**	loro	port**ano**

Remember the ending for each person.

Flashback

Some verbs are irregular in Italian. Learn them by heart.

avere (to have)		essere (to be)	
io	ho	io	sono
tu	hai	tu	sei
lui/lei	ha	lui/lei	è
noi	abbiamo	noi	siamo
voi	avete	voi	siete
loro	hanno	loro	sono

1 Unisci.
Match the io, tu, lui, *etc. with the verbs in the box.*

io	tu	lui	lei	noi	voi	loro

| mangiamo | porto | studiate |
| portano | gioca | odi | parla |

a _____
b _____
c _____
d _____
e _____
f _____
g _____

2 Completa.
Write the correct form of the verb in brackets.

a Tu *compri* le scarpe sportive bianche? [comprare]
b Io _____ i vestiti. [odiare]
c Noi _____ la divisa scolastica. [portare]
d I miei genitori non _____ la musica pop. [ascoltare]
e Marco _____ i vecchi jeans. [amare]

3 Completa.
Fill in the correct forms of avere *or* essere.

a Non *ho* una gonna verde.
b I pantaloni _____ troppo grandi.
c Tu _____ al verde.
d Noi _____ un nuovo CD.
e I ragazzi _____ dei begli stivali.
f Gian Marco _____ sempre contento.

Flashback

Mettersi (to wear, or put on clothing):

io mi metto	noi ci mettiamo
tu ti metti	voi vi mettete
lui/lei si mette	loro si mettono

4 Completa.
Fill in the correct forms of the verb mettersi.

a I bambini _____ gli stivali.
b Io _____ la maglia.
c Paolo _____ i jeans e una maglietta gialla.
d Stasera io e Lina _____ un vestito rosso.
e Tu _____ una camicia bianca.
f Voi _____ i sandali.

Il look dalla A alla Z — Il vocabolario — Unità 1

L'abbigliamento	Clothes
una camicia	a shirt
una felpa	a sweatshirt
una giacca	a jacket
una giacca a vento	a parka
un golf	a cardigan
una gonna	a skirt
una maglietta	a T-shirt
un maglione	a jumper
i pantaloncini	shorts
i pantaloni	pants
i sandali	sandals
le scarpe sportive	trainers/runners
gli stivali	boots
una T-shirt	a T-shirt
un vestito	a dress
un abito	a suit, a dress

I colori	Colours
arancione	orange
bianco	white
beige	beige
blu	dark blue
azzurro	light blue
giallo	yellow
grigio	grey
marrone	brown
nero	black
porpora	purple
rosa	pink
rosso	red
rosso chiaro	light red
rosso scuro	dark red
verde	green
viola	violet

Il look	The look
Qual è il tuo look preferito?	What type of look do you like?
mi piace/mi piacciono	I like
mi piace molto/mi piacciono molto	I really like
non mi piace molto/ non mi piacciono molto	I really don't like
odio	I hate
amo	I love
il look sportivo	a sporty look
il look elegante	a smart look
il look casual	a casual look
la mia tenuta preferita	my favourite outfit
È brutto.	It's ugly.
È pratico.	It's practical.
È comodo.	It's comfortable.
Mi sta bene?	Does it suit me?
Mi stanno bene?	Do they suit me?
Sì, ti sta bene.	Yes, it does suit you.
No, non ti sta bene.	No, it doesn't suit you.
Sì, ti stanno bene.	Yes, they suit you.
No, non ti stanno bene.	No, they don't suit you.
Non è il tuo stile.	It's not your style.
È troppo piccolo.	It's too small.
È troppo grande.	It's too big.
È stretto.	It's tight.
È largo.	It's big.
Per andare ad una festa, …	To go to a party …
mi metto …	I wear …

Il mio vocabolario

Italiano	Inglese

Unità 1 — Lo sai ...? *Il look dalla A alla Z*

I can . . .	Students' Book page	Me	Checked by my partner
name ten items of clothing	10–11	☐	☐
say what I am wearing		☐	☐
say what my favourite colours are		☐	☐
describe a favourite outfit using colours		☐	☐
say what I wear to go to school	12–13	☐	☐
say what I wear to go to a party		☐	☐
say what type of 'look' I like		☐	☐
say why I like it		☐	☐
ask whether an item of clothing suits me	14–15	☐	☐
say that something does/doesn't suit someone		☐	☐
say why something doesn't suit someone		☐	☐

Grammar:

use of adjectives	11	☐	☐
name all parts of the verb *mettersi*	12	☐	☐
name parts of the verb *piacere*	13	☐	☐
use *questo, quest', questa, questi, queste*	15	☐	☐
name all parts of the verbs *avere* and *essere*	17	☐	☐
use of *-are* verbs in the present tense	17	☐	☐

What I found easy: _____

What I found difficult and need to go over again: _____

What I need to learn by heart: _____

What I liked doing most: _____

Il look dalla A alla Z

Unità 1

Unità 2 — 22 + 23 — La scelta dei programmi televisivi — *La televisione o il cinema*

1 Completa.
What types of TV programs are illustrated? Fill in the missing letters.

a i f _ l _

b i g _ _ c i

c i _ o c _ m _ n t a _ _

d le p r _ v _ s _ o _ i d _ l t _ m _ o

e il t _ l _ _ i o _ n _ _ e

f i c _ _ t _ _ i a _ i m _ _ _

g i t _ l _ f i _ _

h le t _ a _ m _ s _ i n i s _ o _ t _ v _

i i pr _ _ r _ m _ i p _ r i r _ g _ z _ i

2 Vero (✔) o falso (✘)?
True (✔) or false (✘)?

a Bruno likes to watch the weather forecast.
b He likes films.
c He prefers documentaries.

> Non mi piacciono i film. Mi piacciono molto le previsioni del tempo – sono interessanti – ma preferisco guardare i cartoni animati. E tu? Cosa ti piace?

BRUNO

3 E tu? Cosa ti piace?
Fill in the speech bubble with the type of programs you like/don't like or prefer.

Mi piace/Mi piacciono _____

Non mi piace/Non mi piacciono _____

Preferisco _____

12 dodici

La televisione o il cinema	**Che cosa c'è alla televisione?** — 24 + 25 — **Unità 2**

1 Unisci.
Match the clocks to the corresponding times.

a 7.30
b 10.40
c 19.35
d 21.10
e 17.15
f 14.45

1 le dieci e quaranta
2 le sette e trenta
3 le quattordici e quarantacinque
4 le diciannove e trentacinque
5 le ventuno e dieci
6 le diciassette e quindici

a	2
b	
c	
d	
e	
f	

2 Leggi il programma. Completa la tabella.
Read the TV guide, then fill in the grid.

Italia 9	Rete 7	Canale 11	Telemondo	TV 3	Canale mio
SABATO					
20.45 – L'ISPETTORE DERRICK, telefilm **22.35** – UN AFFARE DI GUSTO, commedia con Bernardo Finardi	**20.20** – LE RAGAZZE DI BEVERLY HILLS, telefilm **22.40** – Telegiornale Dossier Storie	**20.35** – IL PIANETA DELLE MERAVIGLIE, documentario **23.00** – UMBRIA JAZZ	**20.30** – TG, Meteo **21.05** – VELONE, varietà **22.15** – LA SAI L'ULTIMA?, varietà	**20.30** – ZIGGIE SHOW, cartoni animati **21.00** – LA REGINA DI SPADE, film **23.10** – STANLIO e OLLIO, comiche	**20.05** – WALKER TEXAS RANGER, telefilm **21.00** – LAW & ORDER, telefilm **22.45** – WEST WING – Tutti gli uomini del Presidente, telefilm
DOMENICA					
20.00 – Telegiornale, Sport **20.45** LA GUERRA SEGRETA, film con Vittorio Gassman	**20.05** – Cartoni animati **20.30** – TG, il meteo regionale **22.40** – La domenica sportiva	**20.30** – Blob, di tutto, di più **20.50** – GAIA, documentario **23.10** – SPECIALE TG, primo piano	**20.00** – MIO FIGLIO HA 70 ANNI, commedia con P. Noiret **22.00** – PREMIATA TELEDITTA, varietà **0.30** – ESSI VIVONO, orrore con Roddy Piper	**19.55** – STUDIO APERTO, presenta Anna Lucignolo **22.00** – I ricordi della domenica	**20.10** – SEI FORTE MAESTRO, telefilm **21.00** – MATRIMONIO ALL'ITALIANA, commedia con M. Mastroanni **23.30** VIVERE MEGLIO, rubrica

	trasmissione	giorno	ora	canale
a	Sei forte maestro			
b		sabato	22.15	
c	La guerra segreta		20.45	
d	Umbria Jazz	sabato		
e			22.40	
f	Ziggie Show	sabato		

3
E tu? Che cosa guardi alla Tv questo week-end? Scrivi la tua risposta a pagina 19.
What are you going to watch on TV this weekend? Write your answer on page 19.

Esempio Sabato, guardo il film 'Men in Black'. su canale 7 alle diciannove e trenta.

tredici 13

Unità 2 — 26 + 27 — **Andiamo al cinema?** — *La televisione o il cinema*

1a Usa il codice per trovare i film che preferiscono.
Work out the coded messages to find out what type of film these teenagers prefer.

a	b	c	d	e	f	g	h	i	l	m
○	●	✳	▲	▶	▼	◀	◇	◘	◎	☺

n	o	p	q	r	s	t	u	v	z
☻	☼	♠	♣	♥	♦	♩	♫	▪	▪

Anna: i film sportivi

Maurizio: mi piacciono

Nadia: i film comici

Nicola: i film d'amore

1b Scrivi una frase per ogni persona.
Write a sentence to show what each teenager likes.

Esempio A piacciono i film d'amore.

Anna _____

Maurizio _____

Nadia _____

Nicola _____

2 E tu? Quali film ti piacciono?
What sort of films do you like?

_____

La televisione o il cinema — La grammatica — Unità 2

Flashback

volere = to want to
io voglio — noi vogliamo
tu vuoi — voi volete
lui/lei vuole — loro vogliono

potere = to be able to (I can, etc.)
io posso — noi possiamo
tu puoi — voi potete
lui/lei può — loro possono

preferire = to prefer
io preferisco — noi preferiamo
tu preferisci — voi preferite
lui/lei preferisce — loro preferiscono

Flashback

The verb that follows a part of *volere*, *potere* or *preferire* has to be an infinitive.

1 Unisci.
Draw an arrow between the Italian verbs and their English equivalents.

1 io preferisco   a they prefer
2 lei può   b you can
3 noi vogliamo   c he wants to
4 tu puoi   d I prefer
5 loro preferiscono   e she can
6 io posso   f we want to
7 lui vuole   g you prefer
8 voi preferite   h I can

2 Completa.
Use the correct form of the verb in brackets to complete the invitation.

Cara Sofia,

io _____ (volere) andare al cinema sabato sera. Tu _____ (potere) venire con me? Noi _____ (potere) andare a vedere un film di fantascienza, se tu _____ (preferire). Giovanni e Fiammetta non _____ (potere) venire, loro _____ (preferire) stare a casa e Mauro non _____ (volere) venire perché lui _____ (preferire) guardare una partita di calcio alla Tv.

3 Completa.
Use an infinitive from the box to complete each caption.

andare   stare   uscire   vedere

a Vuoi _____ al cinema con me, stasera?

b Faccio la babysitter. Non posso _____ .

c Volete _____ un film poliziesco al cinema?

d No, noi preferiamo _____ a casa, stasera.

quindici 15

Unità 2 — 28 + 29 — Guardi troppo la Tv?

La televisione o il cinema

1a Completa le istruzioni.
Write the words from the box in the gaps to complete the instructions.

| question word | intonation |

Questions

In Italian, there are different ways to make a question:

1 You can change your _____ so that your voice goes up at the end of the sentence.
2 You can use a _____ .

1b Le seguenti domande sono del tipo 1 o 2?
Are the following questions type 1 or 2?

a Ti piace guardare la televisione? ☐
b Come si chiama il film? ☐
c Guardi il telegiornale? ☐
d Dov'è Chicca? ☐
e È divertente? ☐
f Quando comincia il gioco? ☐

2 Unisci le domande alle risposte. Copia le domande.
Match the questions to the answers and copy the questions out.

SONDAGGIO SULLA TELEVISIONE E SUL CINEMA

a _____
_____

Sì, mi piace molto guardare la televisone.

b _____
_____

Sì, guardo la Tv tutte le sere.

c _____
_____

Conosco tutti gli spot pubblicitari a memoria!

d _____
_____

Sì, mi piace molto andare al cinema.

e _____
_____

Il cinema è in Viale Abruzzi.

1 Ti piace andare al cinema?
2 Ti piace guardare la televisione?
3 Dov'è il cinema?
4 Guardi spesso la televisione?
5 Quanti spot pubblicitari conosci a memoria?

sedici

La televisione o il cinema — Il vocabolario — Unità 2

I generi di trasmissione	Types of TV program
un documentario	a documentary
un film	a film
una trasmissione sportiva	a sports program
un gioco	a quiz show
un programma per i ragazzi	a children's program
i cartoni animati	cartoons
un telefilm	a TV series
il telegiornale	the news
le previsioni del tempo	the weather forecast
gli spot pubblicitari	the ads

Le opinioni	Opinions
amo	I love
mi piace/mi piacciono	I like
preferisco	I prefer
non mi piace/non mi piacciono	I don't like
odio	I hate
È fantastico.	It's fantastic.
È interessante.	It's interesting.
È divertente.	It's funny.
Non è male.	It's not bad.
È terribile.	It's terrible.
È stupido.	It's stupid.
Conosco (gli spot pubblicitari) a memoria.	I know (the ads) by heart.

A che ora c'è?	What time is it on?
È alle (13.30).	It's on at (13.30).
È su (canale 10).	It's on (channel 10).
le tredici	1pm
le quattordici	2pm
le quindici	3pm
le sedici e quindici	4.15pm
le diciassette e trenta	5.30pm
le venti e quarantacinque	8.45pm

Andiamo al cinema?	Shall we go to the cinema?
un film poliziesco	a detective film
una commedia	a comedy
un film d'amore	a romantic film
un film di fantascienza	a science-fiction film
un film dell'orrore	a horror film
un film d'animazione	an animated film
Vuoi/volete andare al cinema?	Would you like to go to the cinema?
No, non posso.	No, I can't.

diciassette

Unità 2 — Lo sai ...? — *La televisione o il cinema*

I can ...	Students' Book page	Me	Checked by my partner
name nine types of TV program	22–23	☐	☐
say which types of program I like		☐	☐
say which types of program I don't like		☐	☐
say why I like something		☐	☐
say why I don't like something		☐	☐
say positions from 1st to 10th		☐	☐
ask what time a program starts	24–25	☐	☐
say what time a program starts		☐	☐
ask what channel a program is on		☐	☐
say what channel a program is on		☐	☐
say times using the 24-hour clock		☐	☐
ask what is on a particular channel		☐	☐
say what is on a particular channel		☐	☐
ask if someone wants to watch a particular program		☐	☐
invite someone to watch a film at the cinema	26–27	☐	☐
accept an invitation		☐	☐
name five types of film		☐	☐
say when a film is on		☐	☐

Grammar:

use *volere*, *potere* and *preferire*	27	☐	☐

What I found easy: _____

What I found difficult and need to go over again: _____

What I need to learn by heart: _____

What I liked doing most: _____

La televisione o il cinema

Unità 2

Unità 3 — 34 + 35 — Si organizza un incontro — *Si esce*

1 Leggi i messaggi e completa la tabella.
Read the messages and fill in the grid.

Stefania,
vuoi andare al cinema mercoledì?
Ci incontriamo al bar alle due e un quarto.
Va bene?
Ci vediamo mercoledì!
                                    Martino

Nadia,
vuoi andare in piscina domani?
Ci incontriamo alle dieci alla piscina, va bene? Se non puoi venire, telefonami.

Alicia

Sandra,
vuoi andare in spiaggia domenica pomeriggio?
Ci incontriamo alle tre e mezza a casa mia.

Tommaso

Paolo,
vuoi venire in città? Ci incontriamo davanti al cinema Rex alle nove e un quarto.

Giulia

	destinazione	ora	dove
Martino	cinema	2.15	bar
Tommaso			
Alicia			
Giulia			

2 Copia e completa i messaggi.
Copy out the messages, replacing the pictures with words from the box below.

Vuoi andare a ___ sabato sera? Ci incontriamo alle ___ al ___.

Vuoi andare in ___ giovedì pomeriggio? Se puoi, ci incontriamo davanti al ___ alle ___.

| sette e un quarto   pattinare   bar   venti   bicicletta   cinema |

3 Invita un amico/un'amica ad uscire.
Ask a friend to go out with you. Decide where to go, where to meet and at what time. Write your message on page 27.

20 venti

Si esce — Tante scuse! — 36 + 37 — **Unità 3**

1 Inventa una scusa per ogni invito.
The pictures below show what you will be doing next week. Write an excuse for invitations a–f using the expressions in the box below.

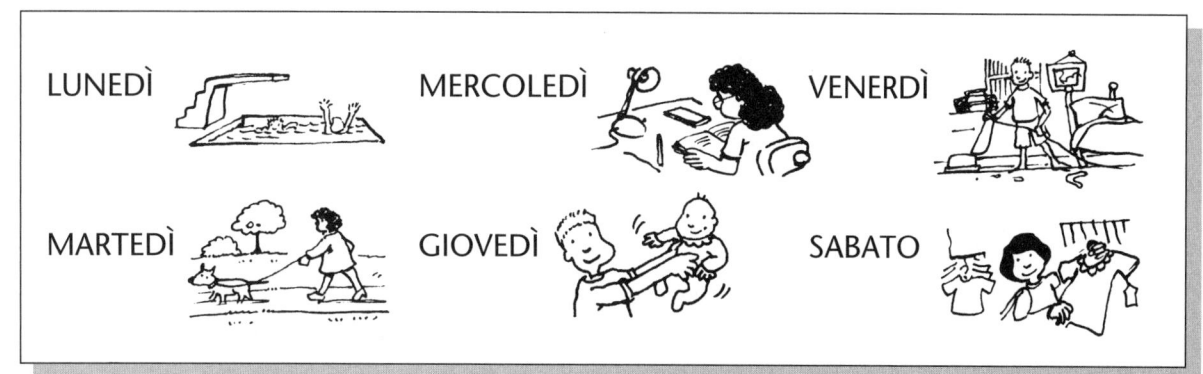

| LUNEDÌ | MERCOLEDÌ | VENERDÌ |
| MARTEDÌ | GIOVEDÌ | SABATO |

a Vuoi venire a casa mia, lunedì?   *Non posso. Lunedì devo andare in piscina.*

b Vuoi andare a pattinare, venerdì?   *Non posso. Venerdì,* _____

c Vuoi andare al parco, giovedì?   _____

d Vuoi andare al cinema, martedì?   _____

e Vuoi andare in spiaggia, sabato mattina?   _____

f Vuoi andare in bicicletta, mercoledì pomeriggio?   _____

| fare le spese | andare in piscina ✓ | portare a spasso il cane |
| fare il/la baby-sitter | riordinare la mia camera | fare i compiti |

2 Antonio è impegnato sabato sera. Spiega cosa deve fare.
Antonio is busy Saturday night. Explain what he has to do.

_____   _____

_____   _____

ventuno **21**

Unità 3 — 38 + 39 — Il week-end scorso — *Si esce*

1 Scegli la risposta giusta.
*Choose the correct translation: **a** or **b** in each case.*

1	2	3	4	5	6
b					

1 Ho guardato la televisione.
   a *I watch TV.*
   b *I watched TV.*

2 Lui ha comprato delle scarpe sportive.
   a *He bought some trainers.*
   b *He might buy some trainers.*

3 Abbiamo giocato a carte.
   a *We are playing cards.*
   b *We played cards.*

4 Hai ascoltato le previsioni del tempo?
   a *Are you listening to the weather forecast?*
   b *Did you listen to the weather forecast?*

5 Lei ha incontrato degli amici.
   a *She met some friends.*
   b *She meets some friends.*

6 Hai fatto i tuoi compiti?
   a *Have you done your homework?*
   b *Are you going to do your homework?*

2a Unisci i simboli alle domande.
Write in the letter for the appropriate symbol in the box beside each question.

a b c d e f

2b Rispondi alle domande.
Answer the questions. Tick ✓ sì or no.

2c Domanda al tuo compagno/alla tua compagna di classe cosa ha fatto il week-end scorso. Scrivi le sue risposte in rosso.
Ask your partner the same questions. Use a red pen to tick sì/no for him/her.

COSA HAI FATTO IL WEEK-END SCORSO?

                  sì   no

1 Hai guardato la televisione?

2 Hai comprato una rivista?

3 Hai giocato a calcio?

4 Hai incontrato degli amici?

5 Hai ascoltato della musica?

6 Hai mangiato una pizza?

22 ventidue

Si esce   **La grammatica**   39   **Unità 3**

Flashback

present
- action still happening (or happens regularly)
- verb is one word

io + guardo = io guardo
I watch/I am watching

past
- action completed
- verb is two words

io + ho + guardato = io ho guardato
I watched

1a Leggi il diario di Nicolina. Sottolinea nove verbi al passato prossimo.
Read Nicole's diary. Underline nine verbs in the perfect tense.

> Ho passato un buon week-end. Sabato mattina ho fatto le spese. Ho comprato dei Cd. Nel pomeriggio ho nuotato in piscina. Vado in piscina ogni sabato. Poi sabato sera ho ascoltato della musica. Amo la musica! Domenica mattina ho fatto una passeggiata. Nel pomeriggio ho incontrato degli amici al bar. La sera ho mangiato una pizza e dopo ho guardato un film alla televisione.

1b Numera i disegni nell'ordine del diario.
Number the symbols in the order they are mentioned in the diary.

a 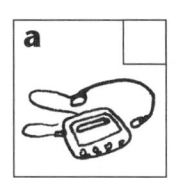   b 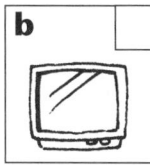   c    d    e    f    g

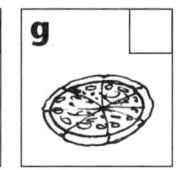

2 Completa il diario di Nicolina.
Look at the pictures and write Nicole's diary.

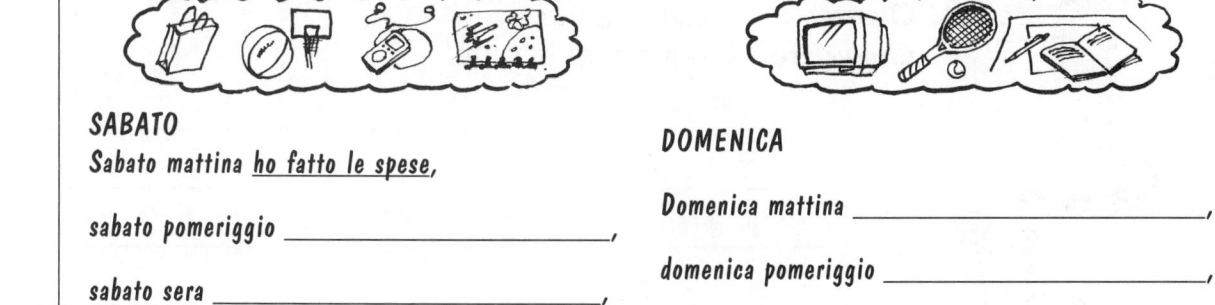

SABATO
Sabato mattina <u>ho fatto le spese</u>,

sabato pomeriggio _____,

sabato sera _____,

e _____.

DOMENICA

Domenica mattina _____,

domenica pomeriggio _____,

domenica sera _____.

ventitré

Unità 3 — 40 + 41 — Al bar — *Si esce*

1 Unisci.
Match the two halves of each question.

1 C'è un
2 Dov'è la
3 Quanto
4 Posso avere un
5 Vorrei un
6 Cosa
7 Posso avere dell'

a tovagliolo?
b acqua?
c toilette?
d telefono?
e panino al formaggio.
f desiderate?
g costa?

1	d
2	
3	
4	
5	
6	
7	

2 Rispondi in inglese.
Look at the price list on page 41 of Tutti insieme! 2 *and answer the questions in English.*

a How much is an espresso coffee? _____
b Do they have tea? _____
c Would an orange juice be cheaper than a lemonade? _____
d The 'tramezzini' are made with what type of bread? _____
e I am a vegetarian. What 'pizzette' choices do I have? _____
f How much is a tuna and onion sandwich? _____
g Do they have fruit salad for dessert? _____
h Strawberries come with what two choices? _____

3 Scrivi un dialogo.
Write a dialogue: a customer is ordering a snack in a bar.

Esempio

Cameriere: Buongiorno, signorina. Desidera?
Cliente: Vorrei un caffè espresso e un panino al formaggio e prosciutto, per favore.
Cameriere: Ecco, signorina.
Cliente: Quanto costa?
Cameriere: Cinque euro in tutto.

5

6,5

_____
_____
_____
_____

Si esce — Il vocabolario — Unità 3

Organizzare un incontro ☆ Arranging a meeting

Vuoi andare...?	Do you want to go...?
al cinema	to the cinema
in piscina	to the swimming pool
in città	into town
al parco	to the park
in spiaggia	to the beach
al bar	to the bar
a pattinare	ice skating
in bicicletta	cycling
Vuoi ...?	Do you want ...?
fare una passeggiata	to go for a walk
Dove ci incontriamo?	Where shall we meet?
Ci incontriamo...	We'll meet...
al bar	at the café
davanti al cinema	outside the cinema
a casa mia	at my house
da Marco	at Marco's house
A che ora?	At what time?
Alle sette e mezza.	At half past seven.
lunedì	(on) Monday
martedì	Tuesday
mercoledì	Wednesday
giovedì	Thursday
venerdì	Friday
sabato	Saturday
domenica	Sunday

Le scuse ☆ Excuses

Non posso.	I can't.
Devo...	I have to...
fare i compiti	do my homework
andare dalla nonna	go and see my grandmother
portare a spasso il cane	take the dog out for a walk
fare le spese	do some shopping
riordinare la mia camera	tidy my room
fare il/la baby-sitter	babysit

Al bar ☆ At the café

un caffè espresso	an espresso coffee
un succo d'arancia	an orange juice
un panino al tonno e cipolle/al formaggio	a tuna and onion/cheese sandwich
Quanto costa?	How much is it?
Costa due euro.	It's two euros.

Il week-end scorso ☆ Last weekend

Ho incontrato degli amici.	I met up with my friends.
Ho giocato a calcio.	I played soccer.
Ho guardato la televisione.	I watched TV.
Ho visto un buon film.	I saw a good film.
Ho comprato una rivista/dei Cd.	I bought a magazine/some CDs.
Ho ascoltato della musica.	I listened to music.
Ho fatto i compiti.	I did my homework.
Ho passato un buon week-end.	I had a good weekend.
Ho fatto le spese.	I did some shopping.

Unità 3 — Lo sai …? — *Si esce*

I can …	Students' Book page	Me	Checked by my partner
ask someone if they would like to do twelve different things	34–35	☐	☐
ask where we should meet		☐	☐
suggest four places to meet		☐	☐
ask at what time we should meet		☐	☐
suggest a time to meet		☐	☐
say I would like to do something	36–37	☐	☐
say I don't want to do something		☐	☐
give five excuses why I can't do something		☐	☐
ask someone what they did last weekend	38–39	☐	☐
name six things I did last weekend		☐	☐
ask for a drink in a café	40–41	☐	☐
ask for a snack in a café		☐	☐
ask how much something costs		☐	☐
ask where the telephone is		☐	☐
ask where the toilet is		☐	☐
ask for a glass		☐	☐
ask for some water		☐	☐
ask for some salt		☐	☐
ask for the bill		☐	☐
ask for a table napkin		☐	☐

Grammar:
use verbs in the past tense — 39 — ☐ ☐

What I found easy: _____

What I found difficult and need to go over again: _____

What I need to learn by heart: _____

What I liked doing most: _____

Si esce

Unità 3

ventisette 27

Unità 4 — 48 + 49 — Che cosa hai fatto? — *Buona giornata!*

1 Scrivi il nome della persona sotto ogni disegno.
Write in the names under the pictures.

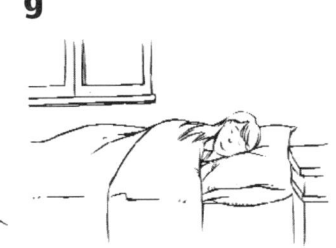

a _Chiara_   b _____   c _____

d _____   e _____   f _____   g _____

Chiara ha ricevuto una telefonata.
Marina ha scritto una lettera.
Isabella ha pulito la camera.
Iva ha dormito.

Alessandro ha visto un film alla Tv.
Cristiano ha letto i fumetti.
Daniele ha finito i compiti.

2 Metti le parole nell'ordine giusto e fa delle frasi.
Rearrange the jumbled words in the right order to make sentences.

Esempio finito i Ho compiti = Ho finito i compiti.

a fumetti?   Hai   i   letto _____
b Tv   visto Ho   film   un   alla _____
c lettera   Lei   una   scritto ha   _____
d telefonata Ho   una   ricevuto _____

28 ventotto

Buona giornata!   **La mia giornata**   50 + 51   **Unità 4**

1 Segna (✔) la risposta giusta.
Tick (✔) the right sentence to describe each picture.

Esempio

a Mi vesto. ✔
b Mi lavo. ☐

1
a Mi vesto. ☐
b Mi sveglio. ☐

2
a Faccio colazione. ☐
b Mi pettino. ☐

3
a Mi alzo alle otto e mezza. ☐
b Faccio colazione alle otto. ☐

4
a Mi lavo. ☐
b Mi sveglio. ☐

2 Scrivi una frase per ogni disegno.
Fill in the grid by writing a sentence for each picture.

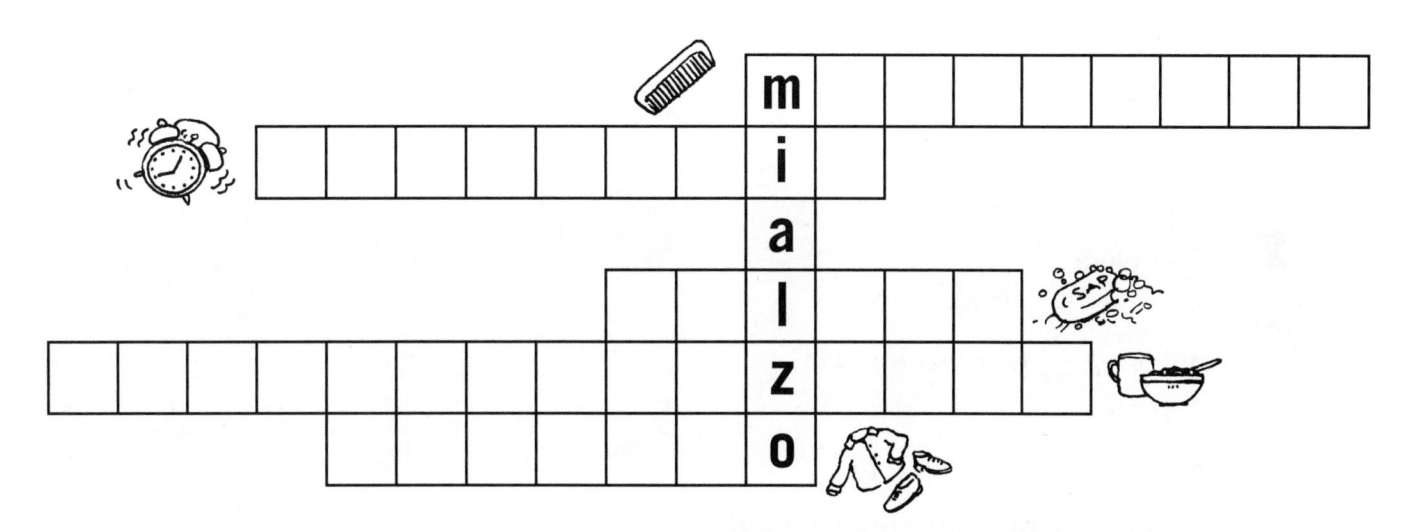

3 E tu? Che cosa fai la mattina? Scrivi quattro frasi a pagina 35.
What do you do in the morning? Write four sentences on page 35.

ventinove 29

Unità 4 — La grammatica — *Buona giornata!*

> **Flashback**
>
> Reflexive verbs need a pronoun in front of the verb, for example:
> mi   lavo   = I wash (myself)
> [pronoun] [verb]
>
> The pronoun changes to match the subject:
>
> | subject | pronoun | verb |
> |---|---|---|
> | io | mi | lavo |
> | tu | ti | lavi |
> | lui/lei | si | lava |
> | noi | ci | laviamo |
> | voi | vi | lavate |
> | loro | si | lavano |

1 Segna (✔) le frasi con un verbo riflessivo.
Tick the sentences that contain reflexive verbs.

- **a** Vi pettinate prima di uscire. ☐
- **b** Facciamo colazione ora? ☐
- **c** Si sveglia alle otto e mezzo. ☐
- **d** La sveglia suona alle otto. ☐
- **e** Mi vesto nel bagno. ☐
- **f** Esco di casa presto. ☐

2 Completa.
Write in the missing pronouns.

- **a** Loro ____ preparano per la partita.
- **b** Io ____ sveglio alle sette.
- **c** Voi ____ riposate cinque minuti.
- **d** Lui ____ pettina.
- **e** Tu ____ alzi sempre tardi.
- **f** Noi ____ laviamo nel bagno.

3a Colora le frecce giuste.
Colour in the arrows you need to follow to make a correct sentence. Be careful! Not all of the words are used.

comincia qui ↓

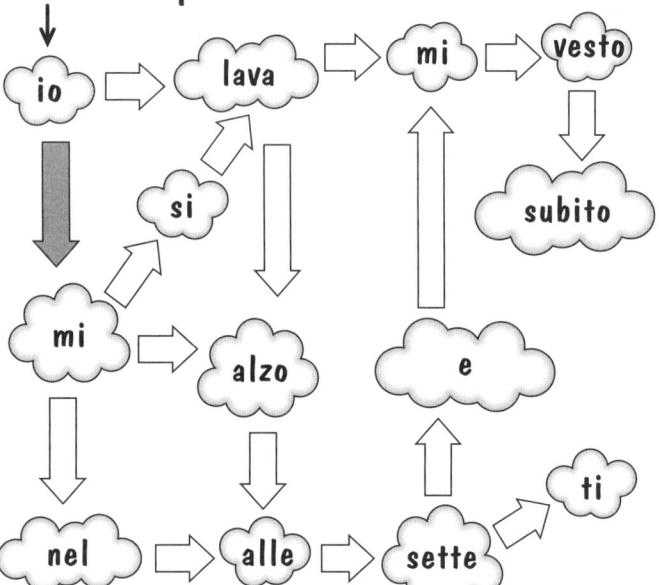

(io) ⇒ (lava) ⇒ (mi) ⇒ (vesto)
   ↓   ↑   ↓
  (si)   (subito)
   ↓
  (mi) ⇒ (alzo)   (e)
   ↓   ↓   ↑
  (nel) ⇒ (alle) ⇒ (sette) ⇒ (ti)

3b Scrivi la frase.
Write the sentence here.

_____

_____

30 trenta

Buona giornata! — Opinioni — Unità 4

1
Leggi le opinioni. Segna (✔) se sono d'accordo o non sono d'accordo.
Read this couple's opinions about teenagers. Tick whether they agree or disagree.

> Uffa! Questi giovani! Non sono per niente simpatici. Si annoiano sempre ma non si interessano del lavoro. E poi si assomigliano tutti! Non sai se sono ragazzi o ragazze. Non rispettano la disciplina, si addormentano tardi e non si alzano mai prima di mezzogiorno. E si arrabbiano con tutti! Eh, ai miei tempi ...

> Ma come sono simpatici questi giovani! Non si annoiano mai, fanno sempre tante attività e si interessano del lavoro. E non è vero che si assomigliano tutti! Non sempre rispettano la disciplina. Qualche volta si addormentano tardi o non si alzano prima di mezzogiorno. Ma non si arrabbiano mai! Che bei tempi ...

	Sono d'accordo	Non sono d'accordo
a I giovani si annoiano sempre.	☐	☐
b Non si interessano del lavoro.	☐	☐
c Si arrabbiano con tutti.	☐	☐
d Non si alzano prima di mezzogiorno.	☐	☐
e Non sono simpatici.	☐	☐
f Non rispettano la disciplina.	☐	☐
g Si addormentano tardi.	☐	☐
h Si assomigliano tutti.	☐	☐

2
Scrivi le frasi al plurale.
Put these sentences into the plural

a Ti alzi presto. _____
b Si annoia a casa. _____
c Mi faccio la doccia la mattina. _____
d Mi metto la divisa scolastica. _____
e Si lava sempre. _____
f Ti interessi del lavoro? _____

trentuno 31

Unità 4 — 54 + 55 — **Caro amico di penna** — *Buona giornata!*

1 Leggi i testi e completa la tabella.
Read the speech bubbles. Fill in the chart:
✔ = what they have done   ✘ = what they haven't done

> Ciao! Mi chiamo Angela. Il week-end scorso non ho dormito fino a tardi. Ho letto i fumetti, ho pulito la mia camera e ho ricevuto una telefonata dal mio amico. E poi ho visto un film d'animazione alla Tv. Fantastico!

> Ciao! Mi chiamo Marino. Il week-end scorso ho scritto una lettera alla mia amica di penna in Australia. Non ho finito i compiti e non ho pulito la mia camera. Io odio fare quello!

> Ciao! Mi chiamo Eugenia. Il week-end scorso ho dormito tanto, non ho ricevuto telefonate e non ho pulito la mia camera. Invece, ho letto tanti fumetti dopo che ho finito tutti i compiti.

> Ciao! Mi chiamo Bruno. Il week-end scorso non ho ricevuto telefonate, non ho letto i fumetti, non ho pulito la mia camera e non ho fatto i compiti. Invece ho visto un bel film d'amore alla Tv!

	☎	fumetti	camera	lettera	letto	TV	compiti
Angela	✔	✔	✔		✘	✔	
Marino							
Eugenia							
Bruno							

2 E tu? Che cosa hai fatto il week-end scorso? Che cosa non hai fatto? Scrivi sette frasi a pagina 35.
Which things did you do last weekend? Which things didn't you do? Write seven sentences on page 35.

Esempio *Ho fatto i compiti. Non ho letto ... ecc.*

32 trentadue

Buona giornata! — Il vocabolario — Unità 4

La mia giornata	★ My daily routine
Mi sveglio alle sette.	I wake up at seven o'clock.
Mi alzo.	I get up.
Mi lavo.	I wash.
Mi vesto.	I get dressed.
Faccio colazione.	I have breakfast.
Mi pettino.	I comb my hair.
Mi addormento.	I fall asleep.
Mi annoio.	I get bored.
Mi riposo.	I rest.
Mi diverto.	I enjoy myself.
Ti metti …	You put on …
Si arrabbia.	He/She gets angry.
Ci facciamo la doccia.	We have a shower.
Vi incontrate.	You meet.
Non si interessano.	They are not interested.

A casa	★ At home
Ho ricevuto una telefonata.	I received a phone call.
Ho visto un film alla Tv.	I saw a film on TV.
Ho scritto una lettera.	I wrote a letter.
Ho letto i fumetti.	I read comics.
Ho pulito la mia camera.	I cleaned my room.
Ho finito i compiti.	I finished my homework.
Ho dormito.	I slept.
Ho fatto la spesa.	I did the shopping.
Lui/Lei ha fatto …	He/She did …

Il week-end scorso … ★	Last weekend …
Non ho pulito la mia camera.	I didn't clean my room.
Non ho finito i compiti.	I didn't finish my homework.
Non ho dormito.	I didn't sleep.

✎ Il mio vocabolario ✎

Italiano	Inglese

Unità 4 — Lo sai …? — *Buona giornata!*

I can . . .	Students' Book page	Me	Checked by my partner
name seven activities I do at home	48–49	☐	☐
ask someone what they did at home last weekend		☐	☐
say what I did at home yesterday		☐	☐
say what I didn't do at home yesterday		☐	☐
say six things about my daily routine	50–51	☐	☐
say what time I get up		☐	☐
ask someone about their daily routine		☐	☐
talk about someone else's daily routine		☐	☐
say what teenagers do	52–53	☐	☐
say what teenagers don't do		☐	☐
say I agree		☐	☐
say I disagree		☐	☐

Grammar:

say I did not do something	49	☐	☐
use reflexive verbs (*lavarsi, vestirsi*, etc.) in the present tense and know their endings	51	☐	☐
use the negative of reflexive verbs	53	☐	☐

What I found easy: _____

What I found difficult and need to go over again: _____

What I need to learn by heart: _____

What I liked doing most: _____

Unità 34 trentaquattro

Buona giornata!

Unità 4

trentacinque 35

Unità 5

60 + 61 — Tanti auguri! — *Buone feste!*

1a Quale festa è? Scegli la frase giusta.
Which festival is it? Find the right caption for each picture.

1	2	3	4	5	6	7	8
a							

1. Buona Epifania

- **a** È l'Epifania.
- **b** È la Festa della mamma.
- **c** È Pasqua.
- **d** È Natale.
- **e** È il primo aprile.
- **f** È Capodanno.
- **g** È un compleanno.
- **h** È un onomastico.

1b Completa le nuvolette.
Fill in the speech bubbles with the phrases below.

Buon compleanno!   Pesce d'aprile!   Buon Anno!

Buon Natale!   Buona Pasqua!   Buona Epifania! ✓

Buon onomastico!   Tanti auguri, mamma!

36 trentasei

Buone feste!   **La mia festa preferita**   *62 + 63*   **Unità 5**

1a La festa preferita di Gianna è Pasqua. Unisci le frasi di Gianna ai disegni.
Gianna's favourite celebration is Easter. Number her sentences in the order of the pictures.

a Il giorno di Pasqua vado in chiesa con la mia famiglia.

b I miei parenti vengono a casa per il pranzo.

c La mia festa preferita è Pasqua.

d Ricevo le uova di Pasqua con una sorpresa dentro.

e Mangio l'agnello pasquale e come dolce c'è la colomba.

f Bevo un po' di vino e acqua.

g La sera andiamo alla processione per festeggiare la Resurrezione.

a	b	c	d	e	f	g
		1				

1b Unisci le domande alle risposte di Gianna.
Match up these questions to Gianna's answers (a–g above).

1 Qual è la tua festa preferita?   c

2 Come festeggi la Pasqua?   ☐ ☐ ☐

3 Cosa mangi?   ☐

4 Cosa bevi?   ☐

5 Ricevi dei regali?   ☐

1c E tu? Rispondi alle domande 1–5.
What about you? Answer questions 1–5 above.

1 La mia festa preferita è _____

2 Vado _____

3 Mangio _____

4 Bevo _____

5 _____

trentasette 37

Unità 5 — 64 + 65 — Un bel ricordo — *Buone feste!*

1 È Carnevale. Leggi l'articolo di Gianna e metti in ordine i disegni.
It's Carnival. Read Gianna's text, then number the drawings in the order mentioned.

> Quest'anno per il Carnevale ho organizzato una festa in maschera con i miei amici. Abbiamo mangiato molti dolci. Poi siamo andati in Piazza San Marco dove c'era tanta gente con coriandoli e stelle filanti dappertutto. La sera abbiamo visto le sfilate in gondola con le maschere più belle. E dopo abbiamo partecipato ad un ballo in un antico palazzo. Poi verso le dieci e mezza siamo andati a vedere i fuochi d'artificio. Era divertente!

coriandoli = confetti
stelle filanti = streamers
dappertutto = everywhere

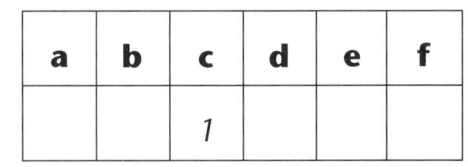

a	b	c	d	e	f
		1			

Flashback
Practise learning a short text by heart! Use different methods, for example: write it down, read it aloud, draw a series of small pictures, mime the actions.

2 Unisci il testo alle frasi.
Read the text again, and then complete the sentences.

1 Per il Carnevale ho organizzato <u>una festa in maschera</u>.
2 Abbiamo mangiato _____.
3 Siamo andati _____ dove c'era tanta gente.
4 La sera abbiamo visto _____ con le più belle maschere.
5 E dopo abbiamo partecipato _____ in un antico palazzo.
6 Siamo andati _____ i fuochi d'artificio. Era divertente!

3 Scegli la tua festa preferita. Scrivi cosa hai fatto a pagina 43.
Write about what you did for a particular celebration this year on page 43.

trentotto

Buone feste! La grammatica — Unità 5

Flashback

To say what you did in the past:
use *ho* + **past participle of the verb**
mangiare (to eat) = *ho* **mangiato**
(I ate/I have eaten)

Remember:
io **ho** mangiato   noi **abbiamo** mangiato
tu **hai** mangiato   voi **avete** mangiato
lui/lei **ha** mangiato   loro **hanno** mangiato

1 Unisci.
Match each verb to its form in the perfect.

1 mangiare   a ho fatto
2 bere   b ho guardato
3 fare   c ho mangiato
4 guardare   d ho bevuto
5 ballare   e ho letto
6 leggere   f ho ballato

2 Completa le frasi.
Fill in the verbs in the perfect tense.

a *Ho fatto* una festa per il mio compleanno. [*fare*]
b _____ della musica. [*ascoltare*]
c _____ una torta. [*mangiare*]
d _____ un po' di spumante. [*bere*]
e _____ un bel film. [*guardare*]
f _____ alla festa. [*ballare*]

3 Completa.
Fill in the right part of each verb underlined, in the perfect tense.

Esempio <u>Ho fatto</u> una festa per il mio compleanno. E tu, cosa **hai fatto**?

1 Martino <u>ha bevuto</u> un po' di spumante e i suoi fratelli _____ molto spumante!

2 <u>Abbiamo mangiato</u> un panino al formaggio. Anche voi _____ dei panini?

3 Sofia e Anna <u>hanno ballato</u> alla festa. Anche noi _____ alla festa.

4 Io <u>ho guardato</u> la televisione ieri sera e tu _____ la televisione ieri sera?

Unità 5 — 66 + 67 — Cento di questi giorni! — *Buone feste!*

1a Prima di ascoltare il Cd, unisci l'inizio e la conclusione delle dodici domande. *Before you listen to the recording, match up the sentence halves to make up twelve questions.*

1 Come ti	a abiti?
2 Hai	b alla televisione?
3 Dove	c il tuo look preferito?
4 Quanti	d chiami?
5 Qual è	e sabato scorso?
6 Cosa ti metti	f dei fratelli e delle sorelle?
7 A che ora	g film preferito?
8 Cosa ti piace	h ti alzi la mattina?
9 Qual è il tuo	i per andare a scuola?
10 Cosa ti piace guardare	j mangiare?
11 Qual è la tua	k festa preferita?
12 Cosa hai fatto	l anni hai?

1	d
2	
3	
4	
5	
6	
7	
8	
9	
10	
11	
12	

1b Ascolta il Cd per la verifica. *Listen to the recording to check your answers.*

2a Ascolta il Cd. Scegli (✔) la risposta giusta. *Listen and tick the right answer(s) in each case.*

1 Mi chiamo
 a Giancarlo ☐
 b Gianluca ☐

2 Ho
 a 14 anni ☐
 b 12 anni ☐

3 Abito
 a a Milano ☐
 b vicino a Milano ☐

4 Ho
 a due sorelle ☐
 b una sorella ☐

5 Il mio look preferito è
 a sportivo ☐
 b elegante ☐

6 Mi metto
 a una gonna ☐
 b dei jeans ☐
 c una camicia ☐
 d una T-shirt ☐
 e le scarpe sportive ☐
 f dei sandali ☐

7 Mi piace guardare
 a il telegiornale e i documentari ☐
 b il telegiornale e i film ☐

8 Il mio film preferito è
 a Harry Potter ☐
 b Harry Trotter ☐

9 Mi piacciono
 a le lasagne ☐
 c i dolci ☐
 b i ravioli ☐
 d gli spinaci ☐

10 La mia festa preferita è
 a Natale ☐
 b Capodanno ☐

11 Mi alzo
 a alle sette di mattina ☐
 b alle otto di mattina ☐

2b Ascolta di nuovo. *Listen again to check your answers.*

40 quaranta

Buone feste! — Il vocabolario — Unità 5

Le feste	⭐ ***Festivals***
un compleanno	*a birthday*
un onomastico	*a name day*
Natale	*Christmas*
Capodanno	*New Year*
Pasqua	*Easter*
la Festa della mamma	*Mother's Day*
la Festa del papà	*Father's Day*
il primo aprile	*April Fool's Day*
l' Epifania	*Epiphany (6 January)*
Tanti auguri!	*Best wishes!*
Buon Natale!	*Happy Christmas!*
Felice Anno Nuovo!	*Happy New Year!*
Buon Anno!	*Happy New Year!*
Buona Pasqua!	*Happy Easter!*
Buona Epifania!	*Greeting exchanged on 6 January*
Tanti auguri, mamma!	*Happy Mother's Day!*
Tanti auguri, papà!	*Happy Father's Day!*
Il pesce d'aprile!	*April Fool!*
Qual è la tua festa preferita?	*Which is your favourite occasion?*
La mia festa preferita è …	*My favourite occasion is …*
Come festeggi …?	*How do you celebrate …?*
a casa	*at home*
Faccio una festa.	*I have a party.*
Cosa mangi?	*What do you eat?*
Mangio dolci.	*I eat sweets.*
Cosa bevi?	*What do you drink?*
Bevo un po' di spumante.	*I drink a little spumante.*
Ricevi regali?	*Do you receive gifts?*
No, non ricevo regali.	*No, I don't receive gifts.*
Sì, ricevo molti regali.	*Yes, I receive lots of gifts.*
Quest'anno …	*This year …*
sono andato(a)	*I went*
ho visitato	*I visited*
Ho fatto un picnic.	*I went on a picnic.*
Ho partecipato ad una gara.	*I competed in a race.*
Ho partecipato ad un ballo.	*I went to a ball.*
Ho visto i fuochi d'artificio.	*I saw fireworks.*
Ho mangiato molti dolci.	*I ate many sweets.*
Ho bevuto della limonata.	*I drank some lemonade.*
Ho ballato.	*I danced.*
Sono andato(a) a una festa.	*I went to a party.*
Era divertente.	*It was fun.*
È stato divertente.	*It was fun.*

✍ Il mio vocabolario ✍

Italiano	Inglese

Unità 5 — Lo sai …? — *Buone feste!*

I can …	Students' Book page	Me	Checked by my partner
ask when someone's name-day is	60–61	☐	☐
say when my name-day is		☐	☐
name eight special celebrations		☐	☐
wish someone happy birthday		☐	☐
wish someone merry Christmas		☐	☐
wish someone a happy New Year		☐	☐
wish someone happy Easter		☐	☐
say 'April Fool' to someone		☐	☐
wish someone happy Mother's Day		☐	☐
ask what someone's favourite celebration is	62–63	☐	☐
say what my favourite celebration is		☐	☐
ask someone how they celebrate a particular occasion		☐	☐
say what I eat and drink for a particular celebration		☐	☐
say what I do for a particular celebration, including:		☐	☐
– who I see		☐	☐
– what I do		☐	☐
– where I go		☐	☐
– whether or not I receive presents		☐	☐
say what I did for a particular celebration this year	64–65	☐	☐

Grammar:

Write the adjectives *bello* and *quello* correctly	63	☐	☐
Use *andare* in the past tense (*sono andato(a)*, etc.)	65	☐	☐

What I found easy: _____

What I found difficult and need to go over again: _____

What I need to learn by heart: _____

What I liked doing most: _____

Buone feste!

Unità 5

quarantatré 43

Unità 6 — 72 + 73 — **Prendo il treno** — *Viaggi e vacanze*

1 Trova gli undici mezzi di trasporto.
Find the names of eleven means of transport in the grid.

E	L	L'	E	O	J	N	V	O	N	E	R	T	L	I
U	A	O	T	R	V	H	X	N	L	R	A	R	A	N
A	L	A	M	A	C	C	H	I	N	A	M	Z	N	C
T	O	U	O	R	H	G	S	R	S	E	V	Z	G	U
T	M	I	T	D	L'	A	G	O	U	R	O	Q	U	N
E	B	U	T	M	N	R	A	T	S	O	R	U	E	L'
L	A	M	E	T	R	O	P	O	L	I	T	A	N	A
C	R	T	H	Q	U	R	A	M	O	U	Q	A	F	U
I	D	C	G	D	A	T	O	L	V	U	M	S	L	T
C	I	U	A	Z	F	V	L'	I	E	L	D	N	E	O
I	A	L	R	U	U	T	O	U	L	S	C	O	D	B
B	U	G	T	Q	I	R	S	U	C	M	U	I	D	U
A	G	R	L	R	G	I	P	M	I	A	C	B	E	S
L	A	E	I	E	A	L	L'	O	E	R	E	A	L'	X
T	C	R	R	A	I	M	D	E	M	E	I	S	N	I

l'aereo
l'autobus
la bicicletta
l'Eurostar
la macchina
la metropolitana
il motorino
il pullman
il traghetto
il tram
il treno

2 Scopri la regione segreta!
Find the Italian region hidden in the puzzle.

_ _   _ _ _ _ _ _ _ _ _

3 E tu? Rispondi alle domande.
What about you? Answer the questions.

a Come vai a scuola?
_____

b Come vai in città?
_____

c Come vai a casa del tuo amico/della tua amica?
_____

44 quarantaquattro

Viaggi e vacanze — **Ho preso l'aereo** — 74 + 75 — **Unità 6**

1 Unisci.
Match up the two sentence halves.

1 Sono andato(a) a il treno
2 Sono partito(a) b a Roma
3 Sono restato(a) c il 22 maggio
4 Ho preso d una settimana

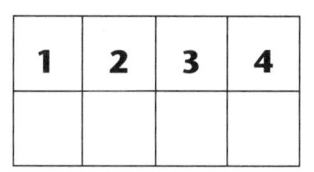

1	2	3	4

2 Leggi le nuvolette e uniscile ai disegni giusti.
Read the bubbles and match them up to the correct drawings.

1 Sono andata in Germania. Sono partita il ventuno giugno. Sono restata quattro giorni. Ho preso il treno.

2 Sono andato negli Stati Uniti. Sono partito il dieci agosto. Sono restato due settimane. Ho preso l'aereo.

3 Scrivi nelle nuvolette.
Write in the speech bubbles.

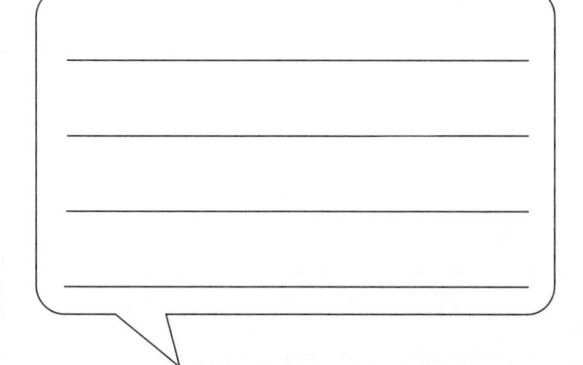

quarantacinque 45

Unità 6 — La grammatica — *Viaggi e vacanze*

> **Flashback**
>
> - The perfect tense with *avere*:
>   ho + **past participle of verb**
>   ho **visitato**
>   ho **preso**
>   ho **fatto**
>
> - The perfect tense with *essere* (usually verbs of movement and reflexives):
>   sono + **past participle of verb**
>   sono **andato(a)**   sono **restato(a)**
>   sono **partito(a)**   mi sono **alzato(a)**
>
>   Remember the agreement after *essere*:
>   io sono andat**o**   io sono andat**a**
>   loro sono partit**i**   loro sono partit**e**

1 Scrivi l'equivalente inglese di questi verbi.
Fill in the grid with the English equivalent of these verbs.

	italiano	inglese
a	andare	to go
b	arrivare	
c	tornare	
d	salire	
e	partire	
f	restare	

2 Completa con *sono* o *ho*.
Fill in sono *or* ho *to complete.*

a Sono andato a Pisa.
b _____ preso il treno.
c _____ restato un week-end.
d _____ visitato la Cattedrale.
e _____ salito sulla Torre Pendente.
f _____ partito lunedì mattina.

3 Scrivi la forma corretta del participio passato.
Fill in the correct form of the past participle.

a Sono [*partire*] <u>partito</u> il 1° agosto.
b Sono [*restare*] _____ un mese.
c Sono [*tornare*] _____ il 31 agosto.
d Sono [*salire*] _____ su una gondola.
e Sono [*andare*] _____ a Venezia!

f Anch'io sono [*partire*] <u>partita</u> il 1° agosto.
g Anch'io sono [*restare*] _____ un mese.
h Anch'io sono [*tornare*] _____ il 31 agosto.
i Anch'io sono [*salire*] _____ su una gondola.
l Io sono [*andare*] _____ a Venice … Florida!

46 quarantasei

Viaggi e vacanze — Era veramente bello! 76 + 77 — Unità 6

1
Laura e Lorenzo sono andati in Inghilterra. Leggi le lettere.
Laura and Lorenzo went to England. Read their letters.

*Caro Lorenzo,
sono andata a Londra a casa della mia amica di penna. Sono partita il primo agosto. Sono restata due settimane. Ho preso l'Eurostar. Ho visitato dei musei fantastici. Sono andata a teatro a vedere Cats. Era veramente bello! E ho giocato a golf!
Era divertente!
E tu, che cosa hai fatto durante le vacanze? Com'era?
Tua,
Laura*

*Cara Laura,
anch'io sono andato a Londra presso una famiglia. Sono partito l'otto agosto. Ho preso l'aereo. Sono restato una settimana. Oh! Era noioso! Non ho visitato la città. Ho fatto dei giri in bici in un parco.
Sono restato a casa. Ho guardato la Tv. Ecco, è tutto! Era veramente noioso!
Grossi abbracci,
Lorenzo*

2a
Chi è, Laura o Lorenzo?
Who is it, Laura or Lorenzo? Write in the correct name.

1 _Lorenzo_ 2 _____ 3 _____ 4 _____ 5 _____ 6 _____

2b
Scrivi la frase giusta per ogni disegno (1–6).
Write the correct caption for each picture (1–6) above.

1 _Ho preso l'aereo._
2 _____
3 _____
4 _____
5 _____
6 _____

Attenzione!

= sono anda**ta**/rest**ata**

= sono anda**to**/rest**ato**

3
Inventa un soggiorno presso una famiglia in Italia. Era bello o noioso? Scrivi una lettera a pagina 51.
Imagine you spent some time with an Italian family. Was it great or boring? Write a letter on page 51.

quarantasette 47

Unità 6

78 + 79 — Un biglietto di andata e ritorno, per favore

Viaggi e vacanze

1a Unisci le domande (a–f) ai disegni (1–6).
Match up the questions (a–f) to the pictures (1–6).

1	2	3	4	5	6
f					

a Quanto costa un biglietto di sola andata per una poltrona?
b Quanto costa un biglietto di andata e ritorno della tariffa B per una poltrona?
c Quanto costa un biglietto di andata e ritorno della tariffa C per un'auto e due persone?
d Quanto costa un biglietto di andata e ritorno della tariffa A per un'auto e quattro persone?
e A che ora parte il traghetto da Livorno la sera?
f A che ora parte il traghetto da Genova la mattina?

1b Copia le domande.
Copy the right questions beside the pictures.

1 *A che ora parte il traghettto da Genova la mattina?*

2 _____

3 _____

4 _____

5 _____

6 _____

2 Fa tre delle domande a–f al tuo compagno/alla tua compagna di classe. Lui/lei guarda le tariffe a pagina 78 di *Tutti Insieme! 2*. Poi cambiate ruolo.
Ask your partner three questions from a–f above. He/She looks at the price list on page 78 of Tutti Insieme! 2 *and answers. Then swap roles.*

Viaggi e vacanze — Il vocabolario — Unità 6

I mezzi di trasporto — Transport

Italiano	Inglese
l'aereo	plane
l'autobus	bus
la bicicletta	bicycle
l'Eurostar	Eurostar
la macchina	car
la metropolitana	underground
il motorino	moped
il pullman	coach
il traghetto	ferry
il tram	tram
il treno	train
vado al/alla/all'/allo ecc. ...	I go to ...
a piedi	on foot
in autobus/bicicletta/tram/macchina/motorino	by bus/bicycle/tram/car/moped
Prendo il treno.	I take the train.

Le vacanze — Holidays

Sono andato(a) in Italia.	I went to Italy.
Sono partito(a) il 20 giugno.	I left on the 20th of June.
Sono restato(a) una settimana.	I stayed a week.
Ho preso l'aereo.	I travelled by plane.
Che cosa hai fatto durante le vacanze?	What did you do during the holidays?
Ho visitato dei musei.	I visited some museums.
Ho fatto un giro in bici.	I went for a bike ride.
Sono andato(a) a teatro.	I went to the theatre.
Sono restato(a) a casa.	I stayed at home.
Com'era?	What was it like?
Era bello/interessante/divertente!	It was nice/interesting/fun!
Era noioso!	It was boring!

Informazioni su un traghetto — Ferry enquiries

A che ora parte un traghetto la mattina?	What time is there a ferry in the morning?
A che ora parte un traghetto la sera?	What time is there a ferry in the evening?
Quanto costa?	How much is it?
un biglietto di sola andata	a single ticket
un biglietto di andata e ritorno	a return ticket
per una poltrona	for a seat
per un'auto e due persone	for a car and two people
da Genova/Livorno	from Genoa/Livorno

Il mio vocabolario

Italiano	Inglese

Unità 6 — Lo sai …? — *Viaggi e vacanze*

I can . . .	Students' Book page	Me	Checked by my partner
name eleven means of transport	72–73	☐	☐
say how I get to school		☐	☐
say how I go into town		☐	☐
ask someone where they went on holiday	74–75	☐	☐
ask someone when they left		☐	☐
say when I left		☐	☐
ask someone how long they stayed		☐	☐
say how long I stayed		☐	☐
ask someone how they travelled		☐	☐
say how I travelled		☐	☐
ask someone what they did during their holiday	76–77	☐	☐
say four things I did on holiday		☐	☐
ask what someone's holiday was like		☐	☐
ask when there is a ferry	78–79	☐	☐
ask how much a single ticket is		☐	☐
ask how much a return ticket is		☐	☐
say it's for a seat		☐	☐
say it's for a car and two people		☐	☐
say it's for Genoa		☐	☐

Grammar:

list the verbs that take *essere* in the past tense and know their past participles	75	☐ ☐	☐ ☐

What I found easy: _____

What I found difficult and need to go over again: _____

What I need to learn by heart: _____

What I liked doing most: _____

Viaggi e vacanze

Unità 6

Unità 7 — 86 + 87 — **La paghetta** — *Contanti in tasca*

1 Rispondi alle domande.
Answer the following questions in complete sentences.

a Ricevi la paghetta? _____
b Ogni quanto tempo? _____
c Quanti soldi ricevi? _____
d Da chi? _____
e Come spendi i soldi? _____
_____
f Metti da parte i soldi? _____
_____

2 Aggiungi il suffisso.
Add the appropriate suffix to the words. Don't forget to drop the final vowel before adding the suffix.

-ino/-ina
a bicchiere _____
b ragazza _____

-etto/-etta
c giovane _____
d borsa _____

-one/-ona
e bambino _____
f lettera _____

3 Dà un consiglio ad Antonio. Scrivi la tua risposta a pagina 59.
Give Antonio your advice. Write your answer on page 59.

> *Non ricevo una paghetta. Cosa posso fare per guadagnare dei soldi per le piccole spese? ... Aiuto!*
> *Antonio*

> Caro Antonio,
> ecco il mio consiglio. Secondo me
> ...

Contanti in tasca — **I lavoretti** — 88 + 89 — **Unità 7**

1 Trova la frase giusta per ogni disegno.
Find the right caption for each picture.

a Lavo la macchina.
b Faccio la spesa.
c Pulisco la casa.
d Faccio il baby-sitter.
e Porto a spasso il cane.
f Aiuto la mia sorellina con i compiti.

1	2	3	4	5	6
f					

2 Completa le nuvolette.
Write one of the sentences in the box on the right into each speech bubble.

a Faccio la spesa il sabato mattina.
b Faccio la baby-sitter. È interessante.
c Porto a spasso il cane. È faticoso.

3 E tu? Hai un lavoretto? Scrivi la tua risposta a pagina 59.
Do you do a job to earn pocket money? Write a sentence on page 59. (If you don't do any jobs, make something up.)

cinquantatré 53

Unità 7 — La grammatica — *Contanti in tasca*

> ### Flashback
>
> Use the **passato prossimo** to talk about what happened in the past:
> Paolo **ha trovato** un lavoretto. Paolo **found** a job.
> Sua madre **è andata** a Roma. His mother **went** to Rome.
>
> - The first part of the *passato prossimo* is part of the verb *avere* or *essere*:
>   Elisa **ha** comprato del chewing-gum. Paolo **è** uscito con i suoi amici.
>
> - The second part of the *passato prossimo* is a past participle:
>   Joelle ha **fatto** la baby-sitter. Elisa è **uscita** con Chicca.

1 Completa.
Fill in the right part of avere *or* essere *in each case.*

avere			**essere**		
io	_____	I have	io	_____	I am
tu	_____	you have	tu	_____	you are
lui	_____	he has	lui	_____	he is
lei	_____	she has	lei	_____	she is
Lei	_____	you have	Lei	_____	you are
noi	_____	we have	noi	_____	we are
voi	_____	you have	voi	_____	you are
loro	_____	they have	loro	_____	they are

| ha ho hai abbiamo ha avete hanno ha | è sei è sono siete sono siamo è |

2 Sottolinea.
Underline the past participle in the following sentences.

a Mio padre ha lavato la macchina.
b Sabato, ho comprato delle scarpe sportive in città.
c Tu hai guadagnato molti soldi.
d Cosa hai fatto sabato?
e Sono andato al mercato per comprare del formaggio.
f Ha detto che Luca è venuto al mercato.

3 Unisci.
Draw arrows between each infinitive and its past participle.

infinitives	past participles
andare	venuto
bere	fatto
fare	preso
prendere	andato
lavorare	lavorato
venire	bevuto

Contanti in tasca — **Chi vuole essere milionario?**   90 + 91   **Unità 7**

1 Immagina di essere un milionario. Come spendi i tuoi soldi? Scrivi la tua risposta a pagina 59.
Imagine you are a millionaire. How do you spend your money? Some suggestions are given to you. Write your answer on page 59.

Abbigliamento: Compro …
Viaggi: Vado …
Donazione: Faccio una donazione …

Passatempi: Gioco a …
Regali: Compro …

2 Scrivi le frasi al negativo.
Put these sentences into the negative.

Non … mai
Vado al cinema _____
Parlo in classe _____

Non … più
Ho fame _____
Studio chimica _____

Non … niente
Trovo _____
Capisco _____

3 Ecco dei lavoretti. Quale scegli?
Here are a few jobs. Which job would you choose?

a 'Parco divertimenti' cerca giovani italiani tra i 16 e 18 anni con buona conoscenza del francese e se possibile dell'inglese.

b Se ti piace stare all'aperto, ecco un lavoretto per te! Tagliare l'erba nel giardino dell'asilo infantile in via Verdi ogni due settimane.

c Hai un motorino? Allora perché non fai le consegne per il nostro supermercato? Massimo un'ora ogni pomeriggio.

1 You don't mind working in the garden. _____

2 You're good at languages, especially French and English. _____

3 You would like an afternoon job. _____

cinquantacinque **55**

Unità 7   92 + 93   **La festa**   *Contanti in tasca*

> Cara Trina,
> sabato scorso era il compleanno di Antonio. Abbiamo organizzato una bella festa a casa mia. Ho scritto gli inviti sul mio computer e Luca ha spedito gli inviti.
>
> Sabato mattina Joelle ha comprato della limonata e della Coca Cola e io ho preparato le pizze. Joelle ha decorato la sala con tanti palloncini.
>
> La sera Luca ha portato lo stereo e dei Cd. La festa era stupenda!
>
> Dopo, tutti abbiamo pulito la stanza. Adoro le feste ma odio fare le pulizie! Era divertente!
> Un bacione,
>
> Elisa

1 Leggi la lettera. Metti i disegni in ordine.
Read the letter. Number the symbols in the order the jobs are mentioned in the letter.

a   b   c   d   e   f   g

1	2	3	4	5	6	7
b						

2 Chi ha fatto cosa per la festa? Completa la tabella.
Who did what for the party? Fill in the grid.

Elisa	Joelle	Luca
ha scritto gli inviti		

3 E tu? Cosa hai fatto per la festa di Carmela? Scrivi delle frasi a pagina 59.
The symbols show what you did for Carmela's party. Write sentences to explain on page 59.

a   b   c   d   e

Esempio Per la festa di Carmela ho scritto gli inviti.

Contanti in tasca   Il vocabolario   Unità 7

La paghetta	☆	*Pocket money*
Compro…		*I buy…*
un libro		*a book*
un Cd		*a CD*
una rivista		*a magazine*
i vestiti		*clothes*
delle scarpe sportive		*trainers/runners*
una bicicletta		*a bicycle*
un motorino		*a moped*
del trucco		*make-up*

I lavoretti	☆	*Jobs*
Hai un lavoretto?		*Do you have a job?*
Faccio il/la baby-sitter.		*I do babysitting.*
Faccio la spesa.		*I do the shopping.*
Pulisco la casa.		*I do housework.*
Porto a spasso il cane.		*I walk the dog.*
Aiuto la mia sorellina con i compiti.		*I help my little sister with homework.*
Lavo la macchina.		*I wash the car.*
È faticoso.		*It's tiring.*
È interessante.		*It's interesting.*

La festa	☆	*Party*
Abbiamo organizzato una bella festa.		*We organised a good party.*
Ho scritto gli inviti.		*I wrote the invitations.*
Ho preparato le pizze.		*I prepared the pizzas.*
Ho pulito la sala/stanza.		*I cleaned the room.*
Lei ha comprato della limonata e della Coca Cola.		*She bought the lemonade and the coke.*
Lui ha spedito gli inviti.		*He sent the invitations.*
Lui ha portato lo stereo.		*He brought the stereo.*
Lei ha decorato la sala.		*She decorated the room.*

✎ Il mio vocabolario ✎

Italiano	Inglese

cinquantasette

Unità 7 — Lo sai ...? — *Contanti in tasca*

I can ...	Students' Book page	Me	Checked by my partner
ask how much pocket money someone gets	86–87	☐	☐
say how much pocket money I get		☐	☐
ask someone what they do with their pocket money		☐	☐
name nine things I spend my money on		☐	☐
ask someone if they save any money		☐	☐
say what I save my money for		☐	☐
ask someone if they have a job	88–89	☐	☐
say what I do to earn money		☐	☐
say why I like my job		☐	☐
say why I don't like my job		☐	☐
say what jobs I did last week		☐	☐
say I have no more money	90–91	☐	☐
say I don't save any money		☐	☐
say I never go to the cinema		☐	☐
name ten things I did to help prepare for a party	92–93	☐	☐
say what present I bought		☐	☐
say why I bought a particular present		☐	☐

Grammar:

use the past tense with both *avere* and *essere*	89	☐	☐
say 'never' (*non ... mai*), 'no longer' (*non ... piu*) and 'nothing' (*non ... niente*) and use them in a sentence	91	☐	☐

What I found easy: _____

What I found difficult and need to go over again: _____

What I need to learn by heart: _____

What I liked doing most: _____

Contanti in tasca

Unità 7

Unità 8 — Per imparare l'italiano — *La comunicazione*

98 + 99

1
Scrivi un consiglio sotto ogni disegno.
How can you improve your Italian? Write a suggestion under each picture.

Suggestions
- Si può *ascoltare la radio.*
- Si può *leggere una rivista italiana.*
- Si può *scrivere a un amico/un'amica di penna.*
- Si possono *guardare delle videocassette italiane.*
- Si può *usare un dizionario.*
- Si può *usare un computer.*

a _____
b _____
c _____
d _____
e _____
f _____

2
E tu? Che cosa preferisci per imparare l'italiano? Scrivi tre frasi.
Which do you think are the best ways to learn Italian? Write three sentences starting with Preferisco.

Esempio *Preferisco ascoltare la radio.*

Preferisco usare un computer.

a _____
b _____
c _____

60 sessanta

La comunicazione — Al telefono — 100 + 101 — Unità 8

1a
Metti la conversazione nell'ordine giusto. *Put the sentences in the right order to make a conversation.*

1	2	3	4	5	6
c					

a È 02 77 43 551.

b Sì, aspetta un attimo.

c Qual è il numero di telefono?

d No, sono Piero.

e (drin, drin) Pronto, Massimo?

f Ciao, Piero. Posso parlare con Massimo, per piacere?

1b
Scrivi il dialogo nell'ordine giusto. *Write out the conversation in the correct order.*

_____
_____
_____
_____
_____
_____

2
Leggi le frasi e completa i numeri di telefono. *Read the sentences below and complete the telephone numbers in the advert.*

- Il numero della Torre Guinigi è zero cinque otto tre, quarantotto, cinquantadue, quaranta.
- Il numero del Museo della Cattedrale è zero cinque otto tre, quarantanove, zero cinque, trenta.
- Il numero del Giardino Botanico è zero cinque otto tre, quarantaquattro, ventuno, sessanta.

**Visitate Lucca!
C'è da vedere:**

- La Torre Guinigi
  Tel: 0583 48 __ __
- Il Museo della Cattedrale
  Tel: 0583 __ __ 30
- Il Giardino Botanico
  Tel: 05 __ __ __ __

sessantuno 61

Unità 8 — 102 + 103 — L'informatica — *La comunicazione*

1 Unisci le risposte alle domande.
Match answers a–e to the questions on the computer screen.

Usi il computer:
1 per giocare ai videogiochi?
2 per navigare in Internet?
3 per scrivere delle e-mail?
4 per fare i compiti?
5 per chattare?

1	2	3	4	5
b				

a No, non ho Internet a casa.

b Sì, gioco ai videogiochi tutte le sere.

c Uso il computer per fare i compiti d'inglese.

d Sì, mi piace molto scrivere delle e-mail al computer.

e Sì, chatto con i miei amici in Australia.

2 E tu? Rispondi alle domande 1–5.
Give your own answers to questions 1–5.

1 _____
2 _____
3 _____
4 _____
5 _____

La comunicazione — La grammatica — Unità 8

1 Copia ogni frase sotto il disegno giusto.
Copy each sentence under the right picture.

a È il computer *che* è sul tavolo.
b È il dischetto *che* è nel mio zaino.
c Eleonora è la ragazza *che* legge una rivista.
d Gabriele è il ragazzo *che* naviga in Internet.
e Ho un cane *che* ama i videogiochi.
f Prendo la cassetta *che* è davanti al telefono.

> **Flashback**
>
> **Che** means *who*, *whom*, *that* or *which*. It is used to link two parts of a sentence, to avoid repetition.

2 Descrivi le immagini.
Write a sentence using che *to describe each of these pictures.*

sessantatré 63

Unità 8

104 + 105 — Come scrivere le lettere — *La comunicazione*

1 Leggi la lettera. Scegli **a**, **b** oppure **c**.
Read the letter. Choose the correct ending for each of the sentences below. Tick a, b or c.

> Melbourne, 28 maggio
>
> Egregio Signore
>
> vorrei stare <u>una settimana</u> a <u>Milano</u> nel mese di <u>settembre</u> con <u>i miei genitori</u>. Lei può, se è possibile, inviarmi una lista degli alberghi e degli eventi a <u>Milano</u> in quel periodo?
> Colgo l'occasione per porgere i miei distinti saluti,
>
> <u>Andrew Davis</u>

1 Andrew wrote the letter on:
- **a** 28th March ☐
- **b** 28th May ☐
- **c** 28th July ☐

2 He is going to Milan for:
- **a** a weekend ☐
- **b** a month ☐
- **c** a week ☐

3 He plans to go in:
- **a** May ☐
- **b** July ☐
- **c** September ☐

4 He is going with:
- **a** his school ☐
- **b** his friends ☐
- **c** his Mum and Dad ☐

5 He is asking for:
- **a** a map and a list of hotels ☐
- **b** a list of hotels and details of what's on ☐
- **c** details of how to get to Milan ☐

2a Immagina! Parti per l'Italia. Che cosa preferisci?
Imagine that you are going to Italy. Tick which of these options you would prefer.

| Milano ☐ | tre giorni ☐ | settembre ☐ | famiglia ☐ |
| Roma ☐ | dieci giorni ☐ | dicembre ☐ | amici ☐ |

2b Scrivi una lettera a un'APT. Adatta la lettera di Andrew.
Write a letter to an Italian tourist office on page 67. Use the details you ticked in exercise 2a and adapt Andrew's letter. You will need to change the words and phrases underlined.

64 sessantaquattro

La comunicazione — Il vocabolario — Unità 8

Imparare l'italiano	Learning Italian
Si può …	You can …
ascoltare la radio	listen to the radio
leggere una rivista italiana	read an Italian magazine
scrivere a un amico/ un'amica di penna	write to a penfriend
usare un computer	use a computer
usare un dizionario	use a dictionary
Si possono …	You can …
guardare delle videocassette italiane	watch Italian videos
Preferisco …	I prefer …

Al telefono	On the phone
Qual è il numero di telefono?	What's the phone number?
È …	It's …
Pronto?	Hello?
Sono …	It's … speaking.
Posso parlare con … , per piacere?	Can I speak to … please?
Sì, aspetta un attimo.	Yes, wait a moment.

L'informatica	Computers
Uso un computer per …	I use a computer to ….
fare i compiti	do my homework
giocare ai videogiochi	play computer games
scrivere delle e-mail	write emails
navigare in Internet	surf the Internet
chattare	chat
Non ho Internet a casa.	I don't have Internet access at home.
È il computer che è sul tavolo.	It's the computer that's on the table.
un dischetto	a floppy disk

Scrivere una lettera	Writing a letter
Egregio Signore	Dear Sir
Gentile Signora	Dear Madam
Caro Marco	Dear Marco
Cara Maria	Dear Maria
grossi abbracci	big hugs
Colgo l'occasione per porgere i miei distinti saluti	Yours faithfully

sessantacinque 65

Unità 8 — Lo sai ...? — *La comunicazione*

I can ...	Students' Book page	Me	Checked by my partner
say nine things you can do to learn a language	98–99	☐	☐
say something is very important		☐	☐
say something is more important		☐	☐
ask someone for their telephone number	100–101	☐	☐
ask what the telephone number of a particular place is		☐	☐
give my telephone number		☐	☐
say hello on the phone and say who I am		☐	☐
ask if I can speak to someone		☐	☐
name eight parts of a computer	102–103	☐	☐
say what four parts of a computer are for		☐	☐
say what I use a computer for		☐	☐
start and end a letter to a friend	104–105	☐	☐
start and end a formal letter		☐	☐

Grammar:

use the impersonal *si*	99	☐	☐
use *che* in a sentence to mean 'which' or 'who'	102	☐	☐
use *per* followed by a verb	102	☐	☐

What I found easy: _____

What I found difficult and need to go over again: _____

What I need to learn by heart: _____

What I liked doing most: _____

La comunicazione

Unità 8

Unità 9 — 110 + 111 — **Mi presento** — *Una visita in Italia*

1 Unisci i disegni alle nuvolette. Scrivi i nomi nelle nuvolette.
Match up the pictures to the bubbles. Write the names in the bubbles.

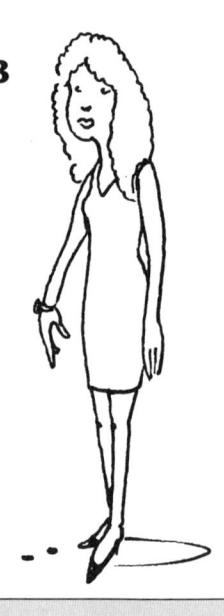

1	2	3	4
c			

Biancaneve   Nicole   Giulio   Groucho

a Sono romano. Sono alto. Sono biondo. Ho i capelli corti e ricci. Ho gli occhi castani. Mi piace Roma.
Mi chiamo _____.

b Sono americano. Sono basso e magro. Ho i capelli neri, corti e ricci. Ho gli occhi castani. Ho i baffi. Mi piacciono le commedie.
Mi chiamo _____.

c Sono danese. Sono bassa e magra. Sono castana. Ho i capelli corti e ricci. Ho gli occhi castani. Mi piacciono le mele.
Mi chiamo _____.

d Sono australiana. Sono alta e molto magra. Sono bionda. Ho i capelli lunghi e ricci. Ho gli occhi verdi. Mi piace recitare.
Mi chiamo _____.

2a E tu? Completa la nuvoletta.
Write about yourself in the speech bubble.

2b Scrivi una descrizione di un amico o di un'amica a pagina 75.
Write a description of a friend on page 75.

Mi presento. Mi chiamo _____
Ho _____ anni. Sono _____
Sono _____
Ho i capelli _____
Ho gli occhi _____
Mi piace/Mi piacciono _____

68 sessantotto

© OUP. Not to be photocopied without permission.

Una visita in Italia   Benvenuto a casa mia!   112 + 113   Unità 9

1 Scrivi i numeri delle stanze. *Write down the number of each room.*

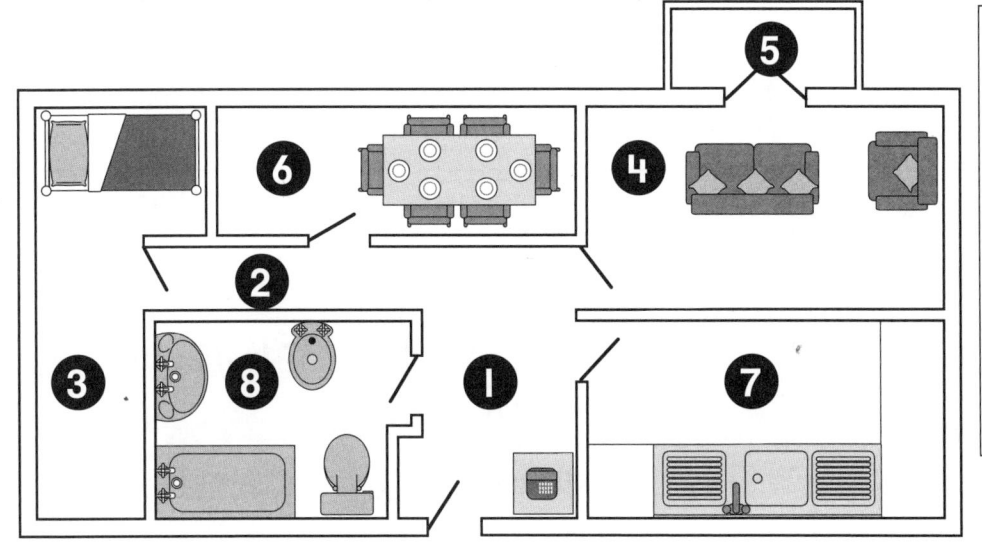

il balcone	5
la cucina	
il bagno	
la camera da letto	
l'ingresso	
il soggiorno	
il corridoio	
la sala da pranzo	

2 Quale stanza è? *Which room is it?*

1 È a destra della sala da pranzo.
2 È a sinistra del soggiorno.
3 È di fronte alla cucina.
4 È in fondo al corridoio.
5 È accanto al bagno.

3 Completa le frasi.
Write the right phrase from the box below into each question and the name of the room into each answer.

Esempio **a** Vuoi <u>telefonare a casa tua</u>? Va <u>nell'ingresso</u>.

b Vuoi _____? Va nella _____.

c Vuoi _____? Va nella _____.

d Vuoi _____? Va nel _____.

e Vuoi _____? Va nella _____.

f Vuoi _____? Va nel _____.

| bere qualcosa | telefonare a casa tua ✓ | riposarti |
| disfare le valigie | mangiare qualcosa | farti una doccia |

sessantanove 69

Unità 9 — 114 + 115 — Era veramente stupendo *Una visita in Italia*

1 Ecco gli ultimi tre giorni di Antony a Milano. Completa il suo diario.
Read about the last three days of Antony's stay in Milan. Fill in his diary with the verbs in the box below and write in his opinions about what he did.

😊 = era interessante/bello(a)   😃 = era stupendo(a)   ☹ era noioso(a)

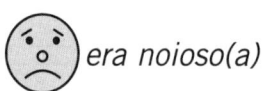

| Sono andato | Sono andato | Sono andato | Sono andato | Ho fatto ✓ | Ho visto |

domenica 19 luglio

(a) *Ho fatto* una gita in barca con Paolo ed Elisa.

😊 *Era bella.* La sera (b) _____ al cinema con Paolo. C'era un film con Schwarzenegger.

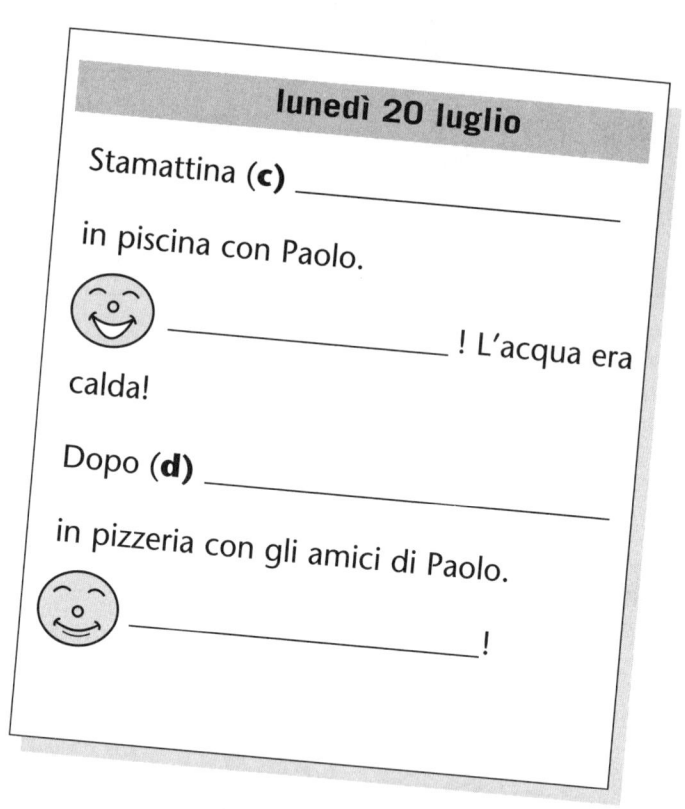

☹ _____ !

lunedì 20 luglio

Stamattina (c) _____ in piscina con Paolo.

😃 _____ ! L'acqua era calda!

Dopo (d) _____ in pizzeria con gli amici di Paolo.

😊 _____ !

martedì 21 luglio

Stamattina (e) _____ una partita di calcio.

😊 _____ !

Dopo (f) _____ al museo con Elisa. Ah, Elisa!!!! 😃 _____ !

2 Immagina i primi due giorni di Antony a Milano. Scrivi il suo diario a pagina 75.
Imagine Antony's first two days in Milan. Write his diary on page 75, adapting the models.

Una visita in Italia — La grammatica — Unità 9

> **Flashback**
>
> | perfect tense (to say what happened) | | imperfect tense (to say how it was) | |
> |---|---|---|---|
> | Ho fatto una torta. | I made a cake. | Era bello(a). | It was nice. |
> | Sono andato(a) al cinema. | I went to the cinema. | Era noioso(a). | It was boring. |
> | Ho visto un film. | I saw a film. | Era stupendo(a)/ favoloso(a)! | It was great! |

1 Metti le frasi al passato, come nell'esempio.
Write the sentences in the past, following the example of the first sentence.

a Ascolto della musica. È divertente!

   Ieri <u>ho ascoltato della musica. Era divertente!</u>

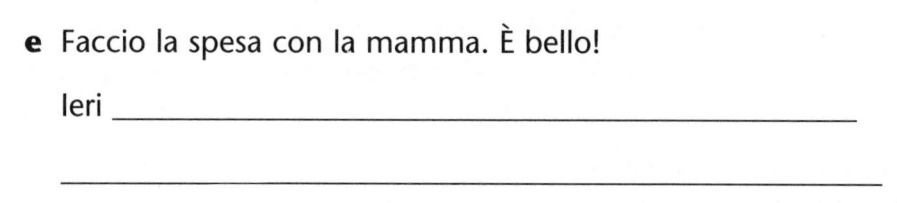

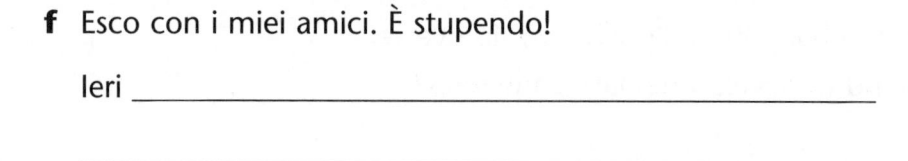

b Vado a scuola. È noioso!

   Ieri _____

c Faccio il compito in classe di inglese. È difficile!

   Ieri _____

d Gioco a basket. È favoloso!

   Ieri _____

e Faccio la spesa con la mamma. È bello!

   Ieri _____

f Esco con i miei amici. È stupendo!

   Ieri _____

settantuno 71

Unità 9 116 + 117 **Abito a Milano** *Una visita in Italia*

1 Unisci le risposte alle domande.
Match the two columns to make up ten questions.

1	Sei stato(a)	a	sei restato(a)?
2	Ricevi	b	in altri paesi?
3	Quanto tempo	c	una paghetta?
4	Hai	d	viaggiato?
5	Cosa hai	e	con i tuoi soldi?
6	Come hai	f	fatto?
7	Cosa fai	g	un lavoretto?
8	Come impari	h	da parte i soldi?
9	Parli	i	italiano?
10	Metti	l	un'altra lingua?

1	b
2	
3	
4	
5	
6	
7	
8	
9	
10	

2 Rispondi alle domande 1–10.
Answer the questions in exercise 1 in Italian on page 75.

3 Leggi l'articolo di Silvia e rispondi alle domande in inglese.
Read Silvia's text and then answer the questions in English.

> Quest'anno ho passato delle splendide vacanze. Sono andata in Australia. Ho viaggiato in aereo. Sono restata un mese. Ho fatto dei bei viaggi in giro per il continente e ho visitato tanti bellissimi posti. Sono andata nel vero outback dove ho fatto un tour di 5 giorni da Alice Springs ad Uluru. Era stupendo. Ho visto dei paesaggi incredibili. Veramente, amo anche la città di Sydney perché è situata sulla costa e allora ho praticato diversi sport acquatici, come il windsurf. Era bello! Ho conosciuto persone fantastiche. Con i soldi che ho guadagnato come baby-sitter, prima di partire, ho comprato tanti souvenir e regali per i miei amici. Dopo un mese in Australia parlo l'inglese molto meglio e adesso devo continuare a imparare la lingua. Devo leggere le riviste e guardare i film inglese. Nel futuro vorrei ritornare in Australia.

1 Give details about Silvia's trip overseas.
2 List the places she visited and her impressions of each place.
3 What did her job as a babysitter allow her to do overseas?
4 How does she intend to develop her language skills?

72 settantadue

Una visita in Italia — Il vocabolario — Unità 9

Descrizioni	⭐ Descriptions
Mi presento.	I'll introduce myself.
Mi chiamo…	My name is …
Ho … anni.	I am … years old.
Sono americano(a)	I'm American.
Sono danese.	I'm Danish.
Sono australiano(a)	I'm Australian.
Sono…	I'm…
alto(a)	tall
basso(a)	small
grasso(a)	plump
magro(a)	slim
Sono castano(a).	I've got dark hair.
Sono biondo(a).	I've got blond hair.
Ho i capelli …	I've got … (hair)
corti	short hair
lunghi	long hair
ricci	curly hair
lisci	straight hair
Ho gli occhi …	I've got … (eyes)
blu	blue eyes
verdi	green eyes
castani	brown eyes
Porto gli occhiali.	I wear glasses.

Opinioni	⭐ Opinions
Era interessante.	It was interesting.
Era bello(a).	It was nice.
Era stupendo(a)/ favoloso(a).	It was great.
Era noioso(a).	It was boring.
Era divertente.	It was fun.
Era difficile.	It was difficult.

Le stanze	⭐ Rooms
il balcone	balcony
la camera da letto	bedroom
il corridoio	corridor
la cucina	kitchen
l'ingresso	hallway
la sala da pranzo	dining room
il bagno	bathroom
il soggiorno	living room, lounge

Vuoi …	⭐ Would you like to …
bere qualcosa?	drink something?
disfare le valigie?	unpack?
mangiare qualcosa?	eat something?
farti una doccia?	take a shower?
telefonare a casa tua?	phone home?
riposarti?	have a rest?

Le preposizioni	⭐ Prepositions
a destra del/della/ dell'/dello …	to the right of
a sinistra del/della/ dell'/dello …	to the left of
di fronte al/ alla/ all'/allo …	opposite
accanto al/alla/ all'/allo …	beside
in fondo al/alla/ all'/allo …	at the end of
davanti al/alla/all'/allo	in front of
dopo il/la/lo/l'	after

Unità 9   Lo sai ...?   *Una visita in Italia*

I can . . .	Students' Book page	Me	Checked by my partner
say my name and age	110–111	☐	☐
say what nationality I am		☐	☐
describe my physical appearance (*alto(a), basso(a)*, etc.)		☐	☐
say what type of hair I have		☐	☐
say what colour eyes I have		☐	☐
say whether I wear glasses or not		☐	☐
say how I'm travelling somewhere		☐	☐
ask someone if they want to phone home	112–113	☐	☐
ask someone if they want something to eat		☐	☐
ask someone if they want something to drink		☐	☐
ask someone if they want a shower		☐	☐
ask someone if they want to have a rest		☐	☐
ask someone if they want to unpack		☐	☐
accept an offer politely		☐	☐
refuse an offer politely		☐	☐
say five things about a stay in Italy	114–115	☐	☐
write a thank-you letter to a friend's parents		☐	☐
write a thank-you letter to a penfriend		☐	☐
Grammar:			
use *era* + adjective to talk about how something was in the past	115	☐	☐

What I found easy: ─────────────

What I found difficult and need to go over again: ─────────────

What I need to learn by heart: ─────────────

What I liked doing most: ─────────────

Una visita in Italia

Tutti insieme! 2 — Supermegaquiz

1 Completa i numeri da 1 a 100.
Fill in the blanks for the ordinal numbers from 1 to 100.

- 1° = p _ _ m o
- 2° = _ e c _ _ _ o
- 3° = t e _ _ _
- 4° = _ u a _ t _
- 5° = _ _ i n _ o
- 6° = s e _ _ _
- 7° = _ e _ _ i _ _
- 8° = _ _ _ a v _
- 9° = _ o _ o
- 10° = d _ _ i _ _
- 11° = _ _ d i c _ _ i m o
- 12° = _ o _ i _ e s _ _ _
- 13° = t r _ d _ _ _ _ i _ _
- 14° = _ _ _ _ _ o r _ _ _ _ _ _ _ _
- 15° = q u i n _ _ _ _ s _ _ _
- 16° = s _ _ i c _ _ _ _ _
- 17° = _ _ _ _ a _ s _ _ _ _ _ _ _ o
- 18° = _ _ c _ _ t _ e _ _ _
- 19° = _ _ _ _ _ n _ _ _ s _ _ _
- 20° = v _ _ t _ _ _ _ _
- 21° = _ _ _ _ u _ _ _ _ _ _
- 22° = _ e _ _ _ _ _ e _ _ _ _
- 23° = _ _ _ _ _ _ _ _ e e _ _ _ _
- 24° = _ _ _ _ _ _ _ _ t _ _ _ _ _ _
- 25° = _ _ _ _ _ _ _ _ q _ _ _ _ _ _
- 26° = _ _ _ _ _ _ _ i _ _ _ _ _
- 27° = _ _ _ _ _ _ _ _ _ _ _ _ m _

- 28° = _ _ _ _ _ _ t _ _ _ _ _
- 29° = v _ _ _ _ n _ _ _ _ _ _ _
- 30° = t r e _ _ _ _ _ _ _
- 31° = t r _ _ _ _ _ _ _ _ _
- 32° = t _ _ _ _ _ _ _ _ _ _
- 33° = _ _ _ _ _ _ _ _ e _ _ _ _
- 40° = q _ _ _ _ _ _ _ s _ _ _
- 41° = _ _ _ _ _ _ t u _ _ _ _ _ _
- 42° = _ _ _ _ _ _ _ _ _ _ _ _ o
- 43° = _ _ _ _ _ _ _ _ _ _ e _ _ _ _ _
- 50° = _ _ _ _ _ _ _ _ _ _ _ _
- 51° = cinquantunesimo
- 52° = _ _ _ _ _ _ _ _ _ _ _ _ _ _ _
- 53° = _ _ _ _ _ _ _ _ _ _ _ _ _ _ _ _ _
- 60° = _ _ _ _ _ _ _ _ _ _ _ _
- 61° = _ _ _ _ _ _ u n _ _ _ _ o
- 62° = s e s s a n t a _ _ _ _ _ _ _
- 63° = _ _ _ _ _ _ _ _ _ _ _ _ _ i _ _
- 70° = s e t t _ _ _ _ _ _ _ _
- 71° = _ _ _ _ _ _ tun _ _ _ _ _
- 72° = _ _ _ _ _ _ _ _ _ u _ _ _ _ _
- 73° = s e t t a n _ _ t r _ _ _ _ _ _
- 80° = o _ _ a _ _ e _ i _ o
- 81° = _ _ _ _ _ _ _ _ _ _ _ _ _ _
- 82° = _ _ _ _ _ _ _ _ _ _ _ _ _ _ _
- 83° = _ _ _ _ _ _ _ _ _ _ _ _ _ _ _
- 90° = n _ _ _ _ _ _ _ _ _ _ _
- 91° = _ _ _ _ _ _ _ _ n _ _ _ _ _
- 92° = n _ _ _ _ _ _ _ _ _ _ _ _ _
- 93° = _ _ _ _ _ _ _ _ _ _ _ _ _ _ _
- 100° = centesimo

Supermegaquiz

Tutti insieme! 2

Unità 1

Segna (✔) l'oggetto estraneo.
Tick (✔) the odd one out.

1 bianco ☐ nero ☐
rosso ☐ pantaloni ☐

2 jeans ☐ sandali ☐
scarpe ☐ stivali ☐

Unità 2

Segna (✔) la risposta giusta.
Tick (✔) the right sentence.

1

a Mi piace guardare i documentari. ☐
b Mi piace guardare le trasmissioni sportive. ☐
c Non mi piace guardare le trasmissioni sportive. ☐

2

a Preferisco i telefilm. ☐
b Non mi piace il telegiornale. ☐
c Odio le previsioni del tempo. ☐

Unità 3

Unisci e completa.
Choose the right ending and complete the sentences.

1 Sabato ho guardato _____
2 Ho comprato _____
3 Ho ascoltato _____
4 Ho giocato _____
5 Ho incontrato _____

| della musica | a basket | i miei amici |
| la televisione | delle scarpe sportive |

Unità 4

Completa le parole.
Write in the missing letters.

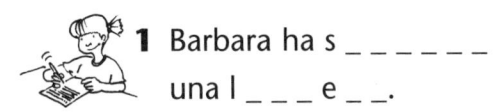

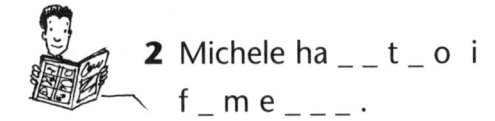

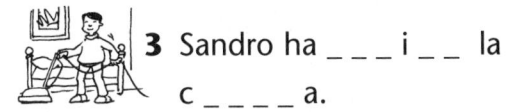

1 Barbara ha s _ _ _ _ _ _ una l _ _ _ e _ _.

2 Michele ha _ _ t _ o i f _ m e _ _ _.

3 Sandro ha _ _ _ i _ _ la c _ _ _ _ a.

Unità 5

Guarda pagina 61 di *Tutti insieme! 2*.
Vero (✔) o falso (✘)?
Look at page 61. True (✔) or false (✘)?

1 Il 25 dicembre è Natale. ☐
2 Il 6 gennaio è Capodanno. ☐
3 Il 1° aprile si dice: Buona Pasqua! ☐
4 Il 1° gennaio si dice: Buon Anno. ☐

settantasette 77

Tutti insieme! 2 — Supermegaquiz

Unità 6

I disegni misteriosi: trova quattro mezzi di trasporto.
Mystery pictures: find four means of transport.

1. 
2. 
3. 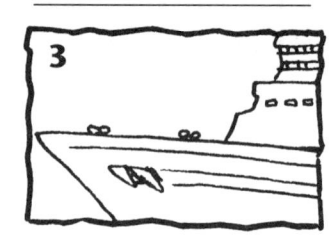
4.

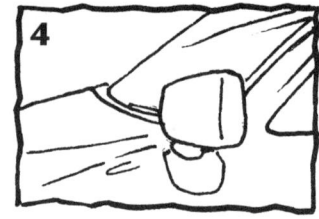

Unità 7

Vedi i seguenti oggetti? Scrivi ✔ o ✘.
Can you see these objects? Write ✔ or ✘ beside each one.

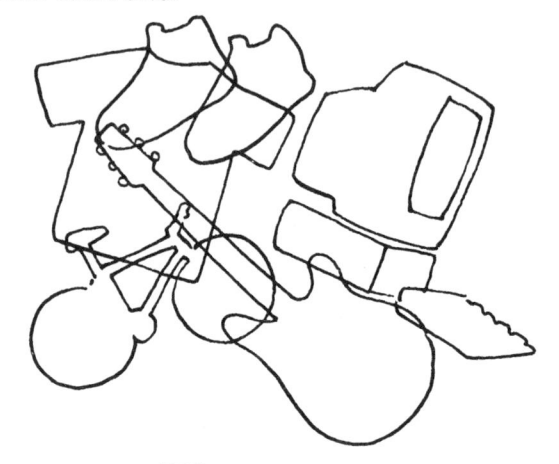

- un computer ☐
- una chitarra ☐
- una bicicletta ☐
- delle scarpe sportive ☐
- una giacca di jeans ☐
- un motorino ☐

Unità 8

Segna (✔) la risposta giusta, **a** o **b**.
*Tick (✔) the right answers, **a** or **b**.*

Scrivi una lettera a un amico/un'amica ...

1 Per cominciare, scrivi:
　a Caro Paolo, ☐
　b Egregio Signore, ☐

2 Chiedi:
　a Ti piace andare al cinema? ☐
　b Le piace andare al cinema? ☐

3 Per finire, scrivi:
　a Baci e abbracci, ☐
　b Colgo l'occasione per porgere i miei più distinti saluti, ☐

Unità 9

Sottolinea l'errore nel messaggio di Carla.
Underline the mistake in Carla's message.

25 marzo

MELBOURNE

19.30

Prendo il treno e arrivo a Melbourne il venticinque marzo alle diciannove.
Carla

78 settantotto

Supermegaquiz

Tutti insieme! 2

1 Completa i verbi.
Fill in the gaps in the verb tables, in Italian and in English.

avere = *to have*

in italiano	*in inglese*
io _____	I have
tu _____	you _____
lui/lei _____	she/he _____
Lei _____	you have
noi abbiamo	we _____
voi _____	you _____
loro _____	they _____

ho   avete   ha   ha   hanno   hai

fare = *to do/to make*

in italiano	*in inglese*
io faccio	I _____
tu _____	_____
lui/lei _____	_____
Lei _____	_____
noi _____	_____
voi _____	_____
loro _____	_____

facciamo   fanno   fa   fate   fai   fa

essere = *to be*

in italiano	*in inglese*
io sono	I _____
tu _____	you _____
lui/lei _____	she/he _____
Lei _____	you _____
noi _____	we _____
voi _____	you _____
loro _____	they are

sono   è   sei   siete   è   siamo

andare = *to go*

in italiano	*in inglese*
io _____	_____
tu _____	_____
lui/lei _____	_____
Lei _____	you go
noi andiamo	_____
voi _____	_____
loro _____	_____

andate   va   vado   vanno   vai   va

settantanove